2030년
돈의 세계지도

2030년
돈의 세계지도

짐 로저스(Jim Rogers) 지음 | 오시연 옮김

알파미디어

서문 · 008

|1장| 전대미문의 대조류를 놓치지 마라:
전쟁, 세계 인플레이션, 일대일로 구상

우크라이나 전쟁 · 019
우크라이나 전쟁이 세계 경제에 미치는 영향
러시아 경제의 현 위치
장기적 관점으로 보면 러시아에는 기회가 있다

대만 유사 · 028
대만 유사가 세계 경제에 미치는 영향
미·중 분쟁은 일어날 것인가
전쟁은 언제든 일어날 수 있다
전쟁으로 인한 수익은 일시적

세계 인플레이션 · 039
인플레이션 스파이크가 온다

일대일로 구상 · 043
아시아와 아프리카에 대한 투자의 활성화
일대일로가 세계 경제에 미치는 충격

돈은 안전하고 이익을 주며 개방적인 곳으로 모인다 · 049
돈이 유입되는 나라의 조건
조건 ①: 나라가 개방되어 있을 것
조건 ②: 유능한 지도자 확보

브릭스는 탁상공론에 불과하다 · 057
내가 브릭스에 회의적인 이유
브라질이 직면한 여러 가지 문제
인도는 세계에서 두 번째로 큰 국가가 될 수 없다
역사상 통합하지 못하는 나라는 성공할 수 없다
중국 다음으로 유망한 나라

| 2장 | 세계적 투자자들이 예측하는
향후 10년간 '성장하는 나라'

성장하는 국가의 공통점은 저렴함과 극적인 변화 · 075
큰 변화는 전쟁·재해·지도자에 의해 생긴다
저렴한 가격과 고품질로 명성을 얻은 과거의 일본

제2차 세계대전 패전국이 극적으로 성장한 이유 · 081
요인은 인구와 자유로운 정신

중국, 다음 패권국의 자리에 오르는 날 · 086
국력의 배후에 있는 풍부한 천연자원
앞으로 중국을 기다리는 장벽

사우디아라비아, 일련의 놀라운 변화들 · 093
석유 의존으로부터의 탈피
폐쇄적인 나라에서 개방적인 나라로 변하다
관광 산업 발전을 목표로 하다

우즈베키스탄, 순조로운 경제 발전 실현 · 101
사회주의 국가에서 자본주의 국가로
우즈베키스탄 경제를 지탱하는 기둥
관광 산업의 잠재력

르완다, 내전을 극복하고 경제 성장을 이루다 · 109
르완다 경제의 과거와 현재
천연자원과 노동력이 풍부한 아프리카

베트남, 테크 허브로 부상하다 · 115
저가격과 고품질의 양립

콜롬비아, 내전에서 부흥으로 · 119
내전을 종식할 수 있는 큰 기회

**|3장| 세계적 투자자들이 예측하는
향후 10년 이내에 '저무는 나라'**

저무는 나라와 성장하는 나라는 이것으로 결정된다 · 127
그 나라의 대차대조표에 주목한다
부채는 국가 성장에 걸림돌이다
성장하는 나라의 조건
노동인구는 국가 성장의 핵심이다
법적 규제에서 파악하는 경제 발전

미국, 패권국의 자리를 넘겨줄 날이 머지않은 나라 · 141
사상 최대의 부채 보유국
가속화하는 미 달러 이탈 현상
미·중 무역전쟁이 미칠 영향

영국, 과거의 패권국들을 기다리는 현실 · 149
영국병으로 쇠퇴한 영국 경제
EU 탈퇴가 미친 영향
유럽이 직면한 문제

에너지 문제에 직면한 유럽
EU가 직면한 현실

일본 ─ 두 번 다시 오지 않을 2차대전 후의 영광 · 160
멈추지 않는 인구 감소, 저출산 고령화 추세
부채 대국 일본
외국인에 대해 폐쇄적인 국민성
일본은 관광 대국을 목표로 하라

한국, 38선이 열릴 것인가 · 175
한반도의 잠재력
관광지로서 충분한 성장 잠재력

| 4장 | 국가의 부침에 좌우되지 않는 투자 전략

역사적 조류를 놓치지 않기 위한 투자 전략 · 185
투자의 기본은 싸게 사서 비싸게 파는 것
모르는 데는 투자하지 않는다
앞으로의 시대에서 고위험 투자란
남의 조언을 듣지 않는다
투자로 성공하는 비결은 끊임없는 배움이다

저무는 나라, 성장하는 나라에 대한 투자법 · 202
기회를 파악하는 방법 ①: 매력적인 제품을 만들고 있는가
기회를 파악하는 방법 ②: 이노베이터가 존재하는가
기회를 파악하는 방법 ③: 기술 혁신이 일어났는가
기회를 파악하는 방법 ④: 위기를 극복하기 위해 행동하는가

참고문헌 · 214

．
．
서문

지금은 인류 역사상 전례 없는 혼란의 시대다.

세계질서를 근본부터 뒤집고 사람들을 두려움에 떨게 한 러시아의 우크라이나 침공이 2년이 지난 지금도 출구가 보이지 않는다.

중동에서는 팔레스타인 가자 지구를 장악한 하마스가 이스라엘을 공격하면서 이스라엘과 하마스 간에 전쟁이 발발했다. 이스라엘군이 가자 지구를 침공해 희생자 수는 날이 갈수록 증가하고 있다.

또한 미국과 중국은 대만을 둘러싸고 언제 터질지 모르는 팽팽한 긴장관계를 유지하고 있다. 양국 간에 군사적 충돌이 발생하면, 전 세계에 중대한 영향을 미칠 것이다. 이처럼 우리는 전 세계의 흐름이 바뀌는 대전환기에 살고 있다.

물론 이러한 혼란은 앞으로 전 세계 '돈(자본)의 흐름'을 완전히 바꿔버릴 것이다. 이는 역사상 여러 차례 반복되어 왔다.

나는 영국 옥스퍼드대학교에서 영국사를 전공했다. 당시 역사를 배우면서 오늘날 세상에서 일어나는 사건은 대부분 과거에도 일어났고, 지금까지 반복되었다는 사실을 깨달았다. 그 대표적인 예가 거품경제다.

17세기 네덜란드는 튤립 구근의 가격이 비정상적으로 치솟는 튤립 파동을 겪었지만, 어느 순간 하락세로 반전되면서 거품이 터졌다.

1920년대 미국은 대량 생산과 소비로 경제 번영의 호황기를 누렸다. 그러나 1929년 10월 24일, 이른바 '검은 목요일' 이후 상황이 바뀌었다. 주가는 대폭락하고 세계 공황이 닥쳤다.

일본도 1980년대 후부터 1990년대 초까지 주식과 부동산이 급등하는 거품경제기를 보냈다. 거품이 꺼져버린 후 일본의 장기 침체에 대해서는 누구나 어느 정도 알 것이다.

그 이후에도 IT 거품, 가상화폐 거품 등 형태만 바뀌었을 뿐 거품이 반복되고 있다. 하지만 역사를 모르는 사람은 그것을 거품이라고 생각하지 않고 광란의 소용돌이에 휘말린다. 과거의 거품을 아는 사람조차도 '그때와는 다르다', '국가가 다르다'는 식으로 주장하다가 결국은 같은 전철을 밟는다.

전쟁도 거품경제도, 그리고 신종 코로나바이러스로 인한 팬데믹에 이르기까지 역사 전반에 걸쳐 비슷한 문제가 여러 차례 반복되었다. 따라서 역사를 통해 배우고 역사의 흐름을 바탕으로 미래를 예측하는 것이 중요하다.

나는 역사를 통한 배움뿐만 아니라 실제로 세계 각지를 돌아다니면서 '돈이 흘러가는 추세'를 잘 파악할 수 있었다. 투자에 성공하려면 미래를 내다보는 능력을 키워야만 한다. 특히 '돈이 어떻게 움직일지' 상상하는 힘이 필수다.

예를 들어 리먼 브라더스 사태가 일어나기 전에도 여러 언론사에 '곧 붕괴가 올 것'이라고 경고한 적이 있다. 당시에는 조언을 제대로 받아들이지 않았지만, 결과는 예상했던 대로였다. 그 밖에도 중국의 약진과 트럼프 대통령의 취임 등 내 예상은 전부 적중했다.

나의 예측 능력을 과시하려는 것이 아니다. 나는 단지 역사를 통해 미래의 동향을 예측했을 뿐이다. 지금 보는 상황이 과거 역사에서 언제 어떻게 일어났는지 알면, 현재 상황을 이해하고 미래에 어떤 일이 일어날지 예측할 수 있다.

이 책에서는 세계 정세를 살펴보면서 미래의 '돈의 세계지도'를 읽어내는 관점에서 향후 10년간 '저무는 나라'와 '성장하는 나라'를 예측했다.

이 책이 출간된 후에도 세계 정세는 시시각각 변하고 우리는 새로운 혼란에 직면할 것이다. 하지만 당황할 필요 없다. 역사를 통해 배우고 미래를 내다보는 능력을 키우면 침착하게 상황을 파악하고 필요한 행동을 할 수 있다. 그렇게 함으로써 혼란의 시대를 헤쳐갈 수 있다.

이 책을 읽고 미래를 내다보는 능력을 갖출 수 있기를 바란다. 독자 여러분에게 행운이 있기를 바란다.

2024년 1월

짐 로저스

2030년까지 저무는 나라, 성장하는 나라

영국

우즈베키스탄

한국

중국

일

베트

사우디아라비아

르완다

■ 앞으로 10년 내 저무는 나라

▨ 앞으로 10년 내 성장하는 나라

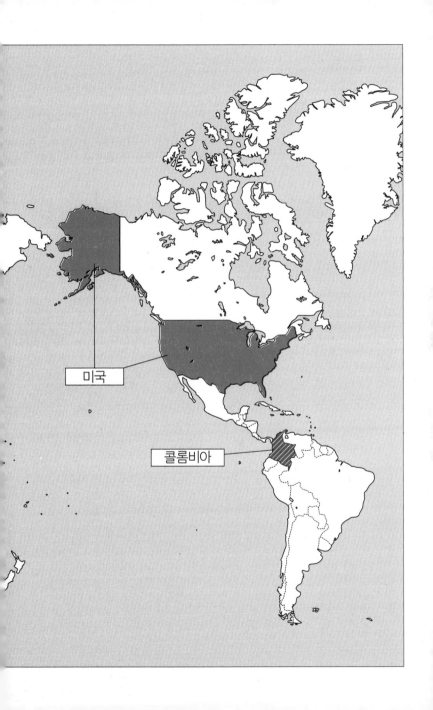

미국

콜롬비아

1장

전대미문의 대조류를 놓치지 마라

전쟁, 세계 인플레이션, 일대일로 구상

$

우크라이나 전쟁

:

우크라이나 전쟁이 세계 경제에 미치는 영향

지금 세계는 혼란의 도가니다. 특히 지정학적 긴장이 어느 때보다 고조되고 있다.

2023년 10월 7일, 중동에서는 팔레스타인 자치구 가자 지구 일대를 실효 지배하는 이슬람 무장 단체 하마스가 이스라엘을 기습 공격했다. 이에 대한 보복 조치로 이스라엘은 공습을 감행하고 있다.

전쟁이 일어나면 에너지, 귀금속, 농산물 가격이 급등한다. 전쟁은 사람들에게 필요한 상품의 생산, 운송, 유통을 방해하기 때문이다. 이것은 지금도 계속되는 우크라이나 전쟁에서 분명히 드러났다.

우크라이나와 러시아는 모두 곡물과 에너지의 주요 생산국이다. 2018, 2019년~2020, 2021년도 자료에 따르면 러시아는 세계 1위의 밀 수출국으로 세계 전체 수출량의 19%, 옥수수는 6위(27%), 보리는 2위(17%), 해바라기유는 2위(27%)를 차지한다.

한편 우크라이나는 세계에서 다섯 번째로 큰 밀 수출국이며 세계 전체 수출량의 9%를 차지한다. 옥수수는 4위(15%), 보리는 4위(14%), 해바라기유는 1위(50%)로 압도적인 점유율을 자랑한다. 따라서 우크라이나 전쟁은 세계 곡물 수급에도 큰 영향을 미쳤다.

러시아가 우크라이나를 침공한 직후 세계 식량 가격이 급등하면서, 식량 가격 지수는 사상 최고치를 기록했다. 러시아군이 흑해에 접한 우크라이나 항구를 봉쇄하고 곡물 수출을 중단했기 때문이다.

이후 유엔과 튀르키예의 중재로 양국 간 협정이 체결되고 우크라이나의 곡물 수출이 재개되면서 식량 가격은 안정세로 돌아섰다. 하지만 여전히 식량 가격은 높은 수준이다.

유엔 세계식량계획(WFP)에 따르면 2022년 심각한 식량난을 겪은 사람은 역대 최고인 3억 5,000만 명에 이르며, 특히 아프리카 대륙에서 1억 4,000만 명까지 증가하고 있어 중대한 문제다.

또 다른 문제는 치솟는 비료 가격이다. 러시아는 세계적인 화학비료 생산국이지만, 최근 3년 사이 비료 가격이 2~3배나 뛰었다. 아프리카 등에서 비료 조달이 어려워져 농산물 생산량에 악영향을 줄 수 있다는 지적이 나왔다.

덧붙이자면, 에너지 측면에서 봐도 러시아는 세계 유수의 화석 연료 수출국이다. 유럽연합은 2021년 석탄 총공급량의 20%, 석유의 22%, 천연가스의 20.1%를 러시아산에 의존했다.

러시아가 우크라이나를 침공하자, 미국은 러시아산 화석 연료 수입을 금지했다. 러시아에 의존하던 유럽 국가들도 러시아산 화석 연료 수입을 단계적으로 중단하기로 방침을 정하고 가장 먼저 석탄 금수 조치를 취했다.

이후 해상 수송 석유에 대한 금수 조치가 발효되었지만, 일부 동부 유럽 국가는 원유 수입을 계속해왔다. 천연가스에 관해서는 금수 조치 합의가 지연되었지만, 러시아로부터 수입량은 감소했다. 이는 미국과 유럽의 제재에 대한 보복으로 러시아 정부가 공급을 제한한 탓이다.

우크라이나 전쟁으로 인해 화석 연료는 국제적인 가격

급등에 직면했다. 앞으로 우크라이나와 러시아 같은 나라에서 전쟁이 일어나면 비슷한 영향이 전 세계에 확산될 것이다.

:

러시아 경제의 현 위치

우크라이나 전쟁으로 선진국들이 러시아산 원유에 대해 가격 상한제를 시행했고, 이 제재로 인해 러시아의 재정수지는 급격히 악화되었다.

2023년 10월 기준, 루블화는 1달러당 100루블을 돌파하는 등 루블화의 가치는 한동안 하락세를 이어갔다.

러시아 중앙은행이 통화 방어를 위해 금리 인상을 단행했지만, 급격한 금리 인상은 국내 물가를 상승시킬 위험성이 있다. 그래서 러시아 중앙은행은 자본 통제를 재

도입하고 석유, 가스, 제철, 화학, 목재 등을 취급하는 러시아의 주요 수출업체에 대해 수출로 벌어들인 외화를 국내 시장에서 루블화로 바꾸도록 강제했다.

러시아는 2022년 우크라이나 침공 직후 루블화가 급락했을 때도 비슷한 조치를 했고, 한차례 해제했지만 경제 침체에 대응해 자본 통제를 다시 도입한 것으로 보인다.

이러한 조치는 국가 발전에 바람직하지 않다. 또한 루블화 가치 하락으로 러시아로부터 자금 유출이 가속화되었다. 러시아 중앙은행은 전쟁이 시작되기 전보다 국외 외화 예금 계좌로의 루블화 월간 유출액이 5배 이상 늘었다고 밝혔다.

루블화 약세에 따른 자산 감소와 러시아 경제에 비관한 국민이 암시장을 통해 해외 금융기관에 예금 계좌를 개설한 것이 한몫했다. 러시아 국내에서는 해외로 자금 유출이 제한되어 있으므로 이웃한 조지아, 카자흐스탄, 아르메니아 등에서 해외 계좌를 개설한다.

자금 유출은 루블화 약세를 부추겨 그에 따른 금리 인

상, 물가 상승과 경제 악화, 추가적인 자금 유출이라는 악순환으로 이어질 수도 있다.

전쟁이 일어난 후 러시아의 관광 산업도 얼어붙었다. 러시아 여행사업자협회(ATRO)에 따르면, 2019년 510만 명이었던 외국인 관광객 수가 2020년에는 20만 100명으로 무려 96.1%나 감소했다.

이는 유럽 국가들이 러시아 항공기의 영내 비행을 금지하고 중국이 신종 코로나바이러스 대책으로 엄격한 여행 제한을 두었기 때문이다. 그런 이유가 아니라 관광객들이 전쟁 중인 나라를 굳이 찾아갈 이유는 없다.

:

장기적 관점으로 보면 러시아에는 기회가 있다

그럼에도 영원히 계속되는 전쟁은 없다. 전쟁이 끝나

면 종종 좋은 투자 기회가 생긴다. 통화가 급락한 국가에 대한 투자는 길게 보면 이익을 볼 가능성이 크다.

물론 항상 그런 것은 아니다. 예외적으로 쿠바 위기가 일어난 1960년대에 쿠바에 투자했거나 한국전쟁이 발발한 1950년대에 북한에 투자했다면 수익은커녕 손실을 봤을 것이다. 그러나 역사에 따르면 일반적으로 이익을 볼 가능성이 크다.

러시아는 유럽, 일본, 중국에 비해 정부 부채가 적은 편이다. 현재 일본의 재정 상황은 러시아보다 나쁘다. 즉 러시아는 아직 일본보다 건전한 재정 상황을 유지하고 있다는 뜻이다.

우크라이나 전쟁이 종식되면 러시아는 천연자원과 농산물 수출국으로 다시 성장할 것이다. 관광지로서는 그렇게 유명하지 않지만 충분한 잠재력이 있다. 향후 관광 개발을 촉진해 관광객 수를 늘리고 관광 산업을 발전시킬 수도 있다.

일단 러시아는 많은 인구와 광대한 국토를 보유한 나라다. 경제 개방을 추진하면 뜻하지 않은 요소가 발전할 기회를 가져올 수도 있다.

물론 아직도 계속되는 우크라이나와의 전쟁으로 인해 국제적으로 러시아의 신뢰도가 훼손한 것은 사실이다. 전쟁이 끝난 후에도 러시아는 신뢰를 회복하기 위해 노력해야 한다.

아마도 전쟁이 끝나고 10년이 지나도 전 세계 사람들은 러시아가 일으킨 전쟁을 기억할 것이다. 러시아를 경계하고 러시아에 대한 투자를 꺼리는 사람도 계속해서 존재할 것이다. 그러나 세월 이기는 장사 없다고 우크라이나 전쟁에 대한 기억은 시간이 지날수록 희미해질 것이다.

예를 들어, 독일은 제2차 세계대전을 일으킨 국가였지만 지금도 전쟁을 일으킬 수 있는 나라라고 생각해 지금의 독일을 경계하는 사람은 별로 없을 것이다.

나의 할아버지는 독일을 전쟁 국가라며 혐오했다. 할아버지 세대에서는 그것이 상식이었다. 그러나 나는 독일을 생각할 때 전쟁이라는 단어를 가장 먼저 떠올리진 않는다. 그러니 내 아이 세대에서 독일과 전쟁을 연결 짓는 사람은 거의 없을 것이다.

마찬가지로 시간이 지나면 러시아도 전쟁 국가라는 이미지가 희미해질 것이다. 그에 따라 러시아는 점차 신뢰를 회복할 것이다.

대만 유사

:

대만 유사가 세계 경제에 미치는 영향

향후 몇 년 안에 새로운 전쟁이 일어난다면 대만 유사[*]

[*] 대만의 비상사태라는 뜻으로 중국이 무력으로 통일을 실현하려는 전쟁 상황을 가리킨다

가 가장 먼저 떠오른다. 대만 유사가 발생하면 우크라이나 전쟁과 마찬가지로 많은 물자가 필요해 원자재 가격이 고공행진을 할 것이다. 그로 인해 사업 비용과 생활비가 크게 상승하면서 인플레이션이 장기화될 것이다.

물론 대만에서 전쟁이 일어난다고 장담할 수는 없으며, 전쟁이 벌어지더라도 장기화된다는 보장은 없다. 그러나 전쟁이 일어나면 세계의 혼란이 가중될 것이다.

내가 대만 유사 가능성에 주목하는 것은 어떤 이유에서인지 미국이 전쟁을 원하는 것처럼 보이기 때문이다.

세계지도를 보면 알 수 있듯이 대만은 미국에서 약 1만 킬로미터 떨어져 있다.

중국이 대만에 무력 공격을 강행한다면 단기간에 대만을 점령할 가능성이 크다. 당연히 미국은 대만을 돕는다는 구실로 군사 개입을 할 것이고, 이는 미·중 충돌로 이어질 것이다.

미국이 중국을 공격해 대만을 탈환하더라도 중국의

재공격에 대비해 대만 주변의 군비를 증강해야 하므로 막대한 비용이 소요된다. 다시 말하지만, 대만과 미국 사이에는 상당한 물리적 거리가 있다.

미국 국방부의 연구에 따르면, 여러 조건을 바탕으로 미국이 패배할 가능성이 크다고 예측했을 것이다. 그럼에도 미국이 중국을 도발함으로써 대만 유사가 일어날 수도 있다.

실제로 역사를 돌아보면 무모한 전쟁이 여러 차례 반복되었다. 나폴레옹은 1812년 러시아에 대군을 파견해 동장군과 식량 부족에 시달렸다. 결국 큰 희생을 치르며 원정은 대실패로 끝났다.

더 우스꽝스러운 점은 그 역사를 잘 알았을 히틀러도 1941년 6월 소련을 침공했다는 사실이다. 스탈린은 독일의 침공을 예상하지 못했기 때문에 처음에는 독일군이 수백 킬로미터에 걸쳐 진격했고 소련은 엄청난 전사자를 냈다. 그러나 1943년 2월, 스탈린그라드 전투에서 독일군이 항복하자 전세는 소련에 유리해졌고, 독일은 결국 무조건 항복해야 했다.

일본도 1941년 12월 8일, 하와이 오아후섬에 있는 미 태평양 함대 기지를 급습했다. 이른바 진주만 공격이다. 일본군은 진주만을 공격하기 위해 대형 항공모함으로 13일 동안 북쪽 항로를 따라 하와이 북쪽 약 400킬로미터 지점에 도달했다. 그곳에서 하와이를 향해 공격기가 날아올랐다. 얼마나 많은 인력이 투입되었는지 상상하기 어렵지 않다.

과거 미국도 베트남 전쟁에 개입해 무려 8년 넘게 지속된 전쟁에 연인원 260만 명의 병력을 파견했고, 남베트남에 주둔한 미군의 수는 정점에 달했을 때 54만 명이 넘었다. 그러나 시간이 지나면서 전투는 교착 상태에 빠졌고, 당시 닉슨 대통령은 베트남에서 철수하기로 했다.

정말 어리석은 결정이고 어리석은 전쟁이었다. 하지만 안타깝게도 어리석은 결정은 앞으로도 반복될 것이다.

:

미·중 분쟁은 일어날 것인가

미국이 중국과 굳이 무모한 전쟁을 벌이려는 이유는 무엇일까?

미국에는 원래 반중 성향의 정치인이 많다. 이들 중 일부는 중국이 세계지도에서 어디에 있는지조차 모를 정도로 중국에 대해 무지하지만, 반중 구호를 외치면 그것이 표심으로 이어진다는 점은 아주 잘 안다.

실제로 중국에 대한 미국인의 감정은 어느 때보다 나빠졌다. 갤럽이 2023년에 발표한 데이터에 따르면 중국에 '매우' 또는 '대체로' 호의적이라고 답한 미국인은 15%로 역대 최저치를 기록했다. 1989년에는 응답자의 72%가 호의적이라고 했으니, 중국 혐오 감정이 얼마나 커졌는지 알 수 있다.

도널드 트럼프 전 대통령은 지금까지 이어진 중국 혐

오 정서를 부추겼다. 트럼프는 중국에 추가 관세를 부과해 미·중 무역전쟁의 방아쇠를 당겼다.

신종 코로나바이러스 확산 이후에는 중국의 남중국해 불법 행위와 코로나바이러스 대응 방식을 비판하며 미국 여론의 지지를 얻기 위해 노력했다.

미국뿐만 아니라 정치인이 다른 나라에 대한 혐오감을 부추기면 대중 매체는 배타적인 방향으로 흥분하기 마련이다. 역사적으로 국내에 문제가 있는 나라는 그 원인을 외국인에게 떠넘기고 싶어 한다. 언어, 음식, 피부색, 문화, 종교가 다른 외국인에게 책임을 전가하기는 쉬우며, 정치인들은 자신들이 피해자임을 강조하고 책임을 뭉개면서 지지율 향상을 꾀했다.

트럼프도 과거 정치인들이 반복해서 사용해온 이 고전적 수법을 이용해 인종차별적 발언과 행동을 했다. 특히 중국인에 대한 차별적 행동이 두드러지는 이유는 중국이 지금 세계에서 가장 성공적이고 미국을 위협하는 존재로 인식시켜 공격 대상으로 삼기 쉽기 때문이다.

이러한 중국 혐오 감정이 대만을 둘러싼 미·중 무력 충돌로 번지지 않을까 걱정스럽다. 대만은 미국과 '동맹'관계이므로 양국이 대만의 지위를 놓고 싸움을 시작할 가능성은 있다.

내가 중국의 당국자라면 굳이 대만을 군사 침공할 것이 아니라, 시간을 두고 평화적이지만 강제적인 통일을 모색할 것이다. 경제력을 무기로 대만에 대한 지배력을 강화한다면, 머지않아 통일이 실현될 수도 있다.

하지만 중국이 불안과 조바심에 사로잡히면 이야기가 달라진다. 불안에 사로잡힌 정치인들은 종종 경솔한 행동을 한다. 중국이 앞으로 국력 쇠퇴가 두려워 힘이 있는 지금 실력행사를 하려 한다면, 이 역시 미·중 간의 무력 충돌을 피할 수 없을 것이다.

미국도 중국도 아무것도 하지 않는 것이 최선의 선택이지만, 이미 미·중 간에는 적대감이 형성되어 있기 때문에 양국 정상이 합리적 결정을 내릴 수 있을지는 알수 없다.

나는 내 아이들이 살아가는 동안 미·중 충돌이 일어나지 않기를 바라지만 안타깝게도 그럴 가능성이 크다. 과거 패권국과 차기 패권국이 대립하면 군사적 충돌이 일어날 확률이 높다는 사실은 역사를 통해 증명되었기 때문이다.

인간의 조바심과 불안이 애국심을 부채질해 전쟁으로 이어졌던 역사를 잊어서는 안 된다.

:

전쟁은 언제든 일어날 수 있다

전쟁은 대부분 사소한 이유에서 시작하고 몇 년에 걸쳐 실제 총격전으로 확대되곤 했다. 사소한 갈등을 계기로 새로운 전쟁이 일어나는 것은 전혀 이상한 일이 아니다. 무역전쟁으로 인해 미국과 중국이 적대적 관계에 있는 지금, 어떤 의미에서는 이미 전쟁이 시작되었다고 할 수 있다.

중국은 무역전쟁, 특히 '관세'와 관련해 지금까지 미국보다 절제된 태도를 취해왔지만 점차 반격에 나서고 있다. 이렇게 되면 되돌리기 어렵다. 정치인들이 '진정하고 일단 한발 물러서자'는 말을 미국에서 한다면 선거에서 이길 수 없고, 중국에서 한다면 권좌를 빼앗길 것이 뻔하기 때문이다.

사실 대만에 관한 문제는 오랜 시간을 들여야 평화롭게 해결할 수 있다.

전쟁은 비용이 너무 많이 든다. 전쟁을 치르면서까지 문제 해결을 서둘러야 할 만한 이점이 없다. 그러나 중국 정부의 누군가 혹은 미국 정부의 누군가, 혹은 제3국의 누군가가 전쟁을 원한다면 실제로 전쟁이 일어날 가능성이 커진다.

전쟁으로 인한 수익은 일시적

참고로 전쟁이 나면 일부 산업에 자금이 몰리기 때문에, 수익을 올리는 기업이 반드시 나온다. 즉 돈의 흐름을 살펴보면 전쟁이 일어날 징후를 꽤 쉽게 파악할 수 있다. 특히 무기와 전투기 같은 군수품, 식료품, 구리 등의 수요가 증가한다. 그리고 누가 전쟁에서 수익을 올릴지는 분명하다.

하지만 전쟁으로 이익을 얻는 사람은 극소수이며, 게다가 그 수익은 일시적일 뿐이다. 전쟁이 일어났다고 해서 나라 전체가 혜택을 받지는 않는다.

투자 업계에서는 전쟁으로 인한 수익이 일시적이고 인

위적이라는 사실을 잘 알기 때문에, 그런 산업에 적극적으로 투자하려는 사람은 별로 없다.

물론 일시적 수익을 기대하고 투자하는 사람도 있지만, 이는 극히 일부라고 봐야 한다. 전쟁으로 인한 수익이 영원히 지속되리라 생각하고 많은 자금을 투자하려는 사람이 있다면, 아마도 자금의 대부분을 잃을 것이다.

전쟁이 일어나면 해당 국가의 시장에 눈을 돌려야 한다. 전쟁으로 인해 가격이 폭락한 나라에 대한 투자는 장기적으로 수익을 창출하는 경우가 많기 때문이다.

이때 앞으로 발전 가능성이 큰 분야를 살펴봐야 한다. 여기에는 AI 개발도 포함된다. 전쟁 중인 국가에서 유망한 AI 기업을 찾을 수 있다면 많은 이익을 낼 수 있고, 결과적으로 그 나라의 재건을 도울 수 있다.

세계 인플레이션

:

인플레이션 스파이크가 온다

신종 코로나바이러스 팬데믹(세계적 대유행)과 우크라이나 전쟁이 가져온 인플레이션은 여전히 세계 경제에 큰 위험 요소다.

현재 인플레이션율은 1970년대의 인플레이션과 비교되는 경우가 많다. 1970년대에는 고유가로 인해 인플레이션이 발생했고 대부분의 선진국이 경기 침체로 어려움을 겪어야 했다.

FRB(Federal Reserve Board, 미 연방준비제도이사회)는 인플레이션에 대한 조치로 1971년부터 1978년까지 금리를 인상했지만, 그 후 경기 침체에 대응하기 위해 기조를 뒤집고 금리 인하를 단행했다. 이 즉흥적인 금리 정책이 혼란을 초래해 미국의 인플레이션은 더욱더 가파르게 진행되었다.

1970년대부터 지금까지 인플레이션율 그래프를 보면 1970년대는 더블 톱 인플레이션이 발생했음을 잘 알 수 있다.

한편 현재로 눈을 돌리면 긴축 통화정책으로 글로벌 인플레이션율은 2022년 8.7%에서 2023년은 6.9%, 2024년은 5.8%로 둔화할 것으로 예상된다.

그러나 인플레이션율은 1970년대와 마찬가지로 다시 상승할 가능성이 있다. 다음 인플레이션 촉발 요인은 대만 유사일 수도 있고, 미국 아이오와주의 대규모 가뭄일 수도 있다. 어느 나라에서 무슨 일이 일어날지 알 수 없으며, 어디서 무슨 일이 일어날지는 중요하지 않다.

물론 각국 및 지역 중앙은행의 정책도 인플레이션율에 상당한 영향을 미친다. 상황이 조금이라도 호전되면 중앙은행은 안도감을 느끼며 이렇게 발표한다.

"우리는 인플레이션을 억제하는 데 성공했습니다. 이

제 괜찮으니 다시 돈을 찍어내겠습니다."

하지만 이는 인플레이션의 재발로 이어질 것이다. 인플레이션이 재발하면 상황은 처음보다 악화될 가능성이 크다. 지난 몇 년간 역사상 어느 때보다 많은 지폐가 발행되었기 때문이다.

세계 중앙은행은 양적 완화를 통해 전례 없는 규모의 자금을 공급해왔다. 금리를 약간 인상한다고 해서 쉽게 인플레이션 억제에 성공할 것 같지는 않다. 미국이 극심한 인플레이션에 시달리던 1970년대에는 금리가 더 높았다는 사실을 상기해야 한다.

따라서 중앙은행이 통화정책을 다시 완화하기 시작할 때는 조심해야 한다. 완화 조치가 시행되면 다시 인플레이션에 불이 붙을 것이다.

FRB는 인플레이션율을 목표치인 2%로 낮추는 데 진전을 보였다며 성과를 강조했지만, '여전히 목표치인 2%를 상회한다'며 신중한 태도를 보이고 있다.

내 생각에 FRB는 인플레이션에 대해 무지하고 적절한 대응책도 없다. 애초에 물가상승률 2%라는 목표치에는 정당한 근거가 없고, 누군가가 내놓은 숫자를 다른 사람이 집어넣어 그럴듯한 목표로 삼았을 뿐이다. 그렇다고 해서 FRB를 비방하고 싶지는 않다.

어리석은 것은 미국이 목표로 한다는 이유만으로 일본도 인플레이션율 2%를 목표로 한다는 점이다. 미국과 일본뿐만 아니라 중앙은행은 과거에 실수를 저질렀고, 앞으로도 새로운 실수를 하리라는 데는 의심의 여지가 없다.

일대일로 구상

:

아시아와 아프리카에 대한 투자의 활성화

각국이 혼란을 겪는 가운데 중국은 꾸준히 일대일로 구상을 추진하며 세계에 존재감을 드러내기 위해 노력하고 있다.

일대일로는 시진핑 국가주석이 2014년에 제창한 거대한 경제구역 계획이다. 과거 중국의 비단을 지중해 각지로 실어 나르는 주요 교역로에 비유하며 바다와 육지에 '현대식 실크로드'를 건설하려는 시도다.

중국과 중앙아시아, 유럽을 잇는 육로를 '실크로드 경제벨트', 중국과 남중국해, 인도양을 잇는 항로를 '21세기 해상 실크로드'라고 칭하고, 각국의 인프라 정비와 무역 증진을 목표로 한다. 2023년에는 150개국 이상의 대표단이 참석한 가운데 세 번째 국제 포럼이 열렸다.

AIIB(Asian Infrastructure Investment Bank, 아시아인프라은행)는 이러한 일대일로 구상을 실현하기 위한 금융 지원을 담당하기 위해 2015년 설립되었다. 설립 당시 57개국에서 시작한 가맹국은 2023년 109개국에 달했고, 243건의 프로젝트를 다루었으며 투자 및 대출 총액이 471억 달러에 달했다.

AIIB의 자금 지원으로 스리랑카, 라오스, 몽골, 파키스탄 같은 개발도상국은 인프라 개발을 위해 중국에 의존하게 되었다.

잘 알려진 예가 스리랑카다. 스리랑카는 AIIB의 대출을 받아 함반토타항이라는 항구를 건설했지만, 투자 자금을 충분히 회수하지 못해 2017년에는 '빚을 갚는다'는 명목으로 99년 동안 중국에 항구 운영권을 넘기기로 합의했다.

또한 중국은 아프리카와의 경제적 유대도 강화했다. 매년 아프리카 정상들을 베이징으로 초청해 회담을 개최하고, 아프리카 국가들에 막대한 경제원조를 하고 있다.

:

일대일로가 세계 경제에 미치는 충격

중국이 아프리카 여러 나라를 빚더미에 올려놓고 지
배하려 한다는 비판이 강하지만, 아프리카인들은 그렇게
생각하지 않는다.

과거 서구 열강은 막강한 군사력을 바탕으로 식민지화
를 위해 세계 각지에 군대를 파견했다. 이는 일방적 수탈
이었고, 절대로 옹호할 수 없는 행위였다.

그에 비하면 지금 중국이 추진하는 일대일로는 상당
히 부드러운 계획이다. 물론 경제력을 통해 여러 나라를
중국의 영향 아래에 두고 중국의 안보 전략을 실현하려
는 의도는 있겠지만, 사실 그런 의도를 갖고 행동하는 나

라는 비단 중국만은 아니다.

우리는 런던, 파리, 도쿄 등 세계 각국에서 중국인을 볼 수 있다. 무력으로 다른 나라를 점령하지 않아도 수많은 중국인이 자유롭게 거리를 돌아다니며 쇼핑이나 식사를 마음껏 즐긴다. 이는 패권국으로 나아가는 나라에서 흔히 볼 수 있는 신호다.

이미 일대일로는 세계 경제에 긍정적 영향을 미치고 있다. 세계은행에 따르면 일대일로 공동 건설 관련 투자를 통해 2030년까지 760만 명이 극심한 빈곤에서 벗어날 수 있고, 3,200만 명이 중도 빈곤에서 벗어날 수 있다고 예측했다.

일대일로의 공동 건설은 인프라 건설에서만 세계의 무역 비용을 1.8% 감소시키고, 참가국의 무역 수준을 2.8~9.7%로 끌어올렸다. 일대일로를 계기로 다른 나라가 중앙아시아나 아프리카 국가에 투자하기도 한다.

일대일로 정책으로 중국이 투자하는 나라에 다른 나

라도 투자하는 것은, 누구나 예상할 수 있는 전개다.

영국과 미국이 패권을 쥐고 있던 시대에는, 두 나라가 투자하는 지역에 여러 나라가 투자를 유치했다.

남들이 적극적으로 투자하는 곳에 투자하고 싶은 것이 인간의 심리이기 때문이다. 누군가 고속도로를 건설한다는 소식을 들은 사람이 그 경유지에 호텔이나 레스토랑을 지어 한 푼이라도 더 벌려고 하는 것과 똑같은 원리다.

일대일로에 투자 기회를 찾은 사람은 당장이라도 투자할 것이다. 앞으로 중국이 투자하는 나라에 투자하면 큰 부자가 될 수 있다. 일대일로가 통과하는 도시는 크게 성공하고, 반대로 일대일로가 회피하는 지역의 사람들은 부를 얻지 못하고 몰락할 것이다.

과거 미국에서는 철도가 개통되면서 빈터에 불과했던 중서부 지역에 산업이 생겨났고, 사람들이 모여 미국을 대표하는 대도시 시카고로 성장했다. 샌프란시스코도 비슷한 방식으로 발전한 역사가 있다.

시카고와 샌프란시스코가 발전할 수 있었던 것은 미국 정부가 자금을 들여 이민과 이주 정책을 추진했기 때문이다. 이것은 미국의 '일대일로'였다. 지금 중국은 과거 미국과 같은 성공을 거두기 위해 고군분투하고 있다.

나는 일대일로가 중국에서 한국, 일본을 통해 샌프란시스코까지 도달해야 한다고 생각한다. 물론 긴 여정이겠지만, 그렇게 되면 세상을 크게 바꾸고 부를 창출할 것이다. 현실적으로 중국, 한국, 일본, 미국이 손을 잡기는 어렵겠지만 말이다.

아무튼 세계적으로 볼 때 일대일로는 21세기에 가장 성공적인 경제 프로젝트가 될 것이다.

돈은 안전하고 이익을 주며 개방적인
곳으로 모인다

:

돈이 유입되는 나라의 조건

돈의 흐름과 지정학은 불가분의 관계다. 따라서 지정학적 혼란이 커지면 자연스럽게 돈의 흐름이 달라진다.

이제부터 지정학과 돈의 흐름의 관계를 살펴보자. 우선 돈은 언제나 안전하고 최고의 수익을 올릴 수 있는 곳을 향한다는 대전제부터 짚고 넘어가자.

돈은 안전한 곳을 매우 중시하며 동시에 큰 수익을 요구한다. 따라서 강이 발원지에서 하구로 흘러가듯 항상 안전하고 큰 수익이 있는 지역으로 흘러간다. 그러나 현재로서는 '안전'과 '수익'이라는 두 조건을 모두 충족한 국가를 찾아보기 어렵다. 예를 들어 일본은 안전성이 높은 국가일 수는 있겠지만, 앞으로 수십 년 동안 계속해서 수익을 올릴 수 있는 국가라고 하기는 어렵다. 인구가 감소하고 부채가 급증하고 있기 때문이다.

한반도가 평화적으로 통일되면 돈은 한반도로 향할 수 있겠지만 당장은 불가능하다. 돈의 흐름은 시간을 두고 확립되며, 내년에 한반도가 통일되더라도 돈의 흐름을 실감하기까지는 어느 정도 시간이 걸릴 것이다.

나는 '안전하고 큰 수익을 내기 위해 어디에 돈을 투자할 수 있을까'라는 관점에서 세계 각국의 정세를 매일 확인한다. 답을 찾기 위해 전 세계를 샅샅이 둘러보지만, 후보지는 그렇게 많지 않다.

중국은 어떨까? 위안화의 태환성*은 제한적이어서 유로화나 엔화처럼 인터넷에서 거래할 수 없다는 문제가 남아 있다. 이는 중국으로 자금이 유입되는 것을 저해하는 요인이다. 하지만 중국이 유력한 후보 중 하나라는 데는 의심의 여지가 없다.

* 다른 나라 통화와 자유롭게 교환할 수 있는 것.

2차 세계대전이 끝난 이후 지금까지 미국 달러가 세계의 기축통화 역할을 해왔고, 미국으로 모든 자금이 흘러갔다. 그러나 이제 미국은 세계 역사상 가장 큰 채무국이 되었다. 미래의 안전과 수익을 위해 많은 자금을 투입할 수 있는 나라가 아니다.

아직까지는 미국을 대체할 안전하고 큰 수익을 올릴 수 있는 나라가 없지만, 중국이 통화 개방을 계속한다면 미국을 대체할 가능성이 크다. 중국은 수십 년 전부터 미국을 대체해 패권 국가로 올라서는 것이 목표였다. 그리고 머지않아 그렇게 될 것이다.

참고로 싱가포르는 스위스처럼 금융 중심지로서 강력한 입지를 확보하고 있다. 싱가포르는 세계금융센터 종합경쟁력 순위에서 뉴욕과 런던에 이어 세계 3위를 차지하였다.

다만 싱가포르의 인구는 약 564만 명(2022년)으로, 압도적으로 자금이 유입될 가능성은 작아 보인다. 앞서 언급했듯이 돈은 안전함을 요구하는데, 인구 500만 명으로는 안전을 담보하기 어렵다.

또한 돈은 안전과 수익을 함께 요구하지만, 두 가지를 비교하자면 안전을 더 강하게 요구하는 경향이 있다. 자국에 돈을 두는 것이 가장 안전할 수도 있고 자국이 오히려 안전하지 않을 수도 있다. 예를 들어 싱가포르 달러는 싱가포르에 있는 것이 가장 안전할 수 있다. 반면 아르헨티나에서는 페소화에 대한 신뢰가 무너져 아르헨티나에서 페소화를 보유하는 것은 안전하지 않다.

:

조건 ①: 나라가 개방되어 있을 것

많은 나라에서 국가 원수가 교체되면 가장 먼저 '국경을 폐쇄하라'고 발언한다. 국경을 폐쇄하면 국내에서 자신의 권력과 지배력을 유지하기 쉽기 때문일 것이다. 실제로 권력을 유지하는 데는 효과적일지도 모르지만, 국가 성장이라는 관점에서 볼 때 현명한 조치는 아니다. 그 나라 지배층에게나 유리할 뿐이지 정작 나라에는 자금이 거의 유입되지 않아서 국민에게 이점이 없기 때문이다.

폐쇄적인 나라에서는 외부에서 돈을 받거나 인출하기가 쉽지 않다. 봉쇄된 나라에 돈을 투자하려는 사람은 거의 없다.

원래 자금의 흐름을 통제하는 나라에 굳이 돈을 보내려는 사람이 있다는 소리는 들어본 적이 없다. 폐쇄적인 국가는 해외 투자는 물론 국내 투자를 촉진하는 것조차 힘들다.

반대로 돈을 끌어들이려면 국경을 개방하는 것이 중요하다. 우리가 투자 대상으로 찾아야 할 것은 국경과 통상 개방의 필요성을 잘 아는 나라다.

예를 들어 우즈베키스탄은 전쟁이 끝난 후에도 오랫동안 소비에트연방공화국에 속해 있었다. 소련이 붕괴한 후 우즈베키스탄의 지도자들은 국경을 폐쇄하고 전제정치를 추진해 국내 지배권을 강화하는 길을 택했다. 그러나 2016년에 취임한 미르지요예프 대통령은 국경을 개방하고 의회를 여는 것이 국가의 번영으로 이어진다는 사실을 깨달았다.

우즈베키스탄은 경제 시스템 자유화와 투자 환경 개선을 실행했고, 2017년에는 환율 통일과 함께 외화 태환과 반출에 대한 제한을 해제했다.

국경 개방의 중요성을 이해하는 나라는 거의 없다. 그러나 역사상 국경을 개방한 대부분 국가가 번영하고 성공했다는 사실을 잊어서는 안 된다.

:

조건 ②: 유능한 지도자 확보

투자는 지정학적 리스크를 빼고 논의할 수는 없다. 지정학적 리스크가 커지면 특정 원자재 가격이 변동하고 경제가 불투명해진다.

지정학적 리스크를 가능한 한 회피하려면 '사람'에 주목해야 한다. 그 나라의 '주요 인물'이 누구인지 살펴보고 그 사람이 문제가 있다는 사실을 알게 되면, 그 나라에 대한 투자를 재고해야 한다.

이해하기 쉽게 나폴레옹을 예로 들어보자. 나폴레옹은 프랑스 황제로 즉위했을 당시 위대한 장군이자 정치가라고 여겨졌다. 그러나 이후 진행된 러시아 원정은 대실패로 끝났고, 그의 권력 기반은 약화되었다. 각국은 나폴레옹을 몰아내기 위해 싸웠다. 이런 사례는 국가를 이끄는 사람이 건전한 비전을 갖추고 국가를 성공으로 이

끌기 위해 필요한 것이 무엇인지 이해하는 일이 얼마나 중요한지 확인해준다.

예를 들어 일본에서는 진주만 공격을 누가 주도했는지 가르치는 학교가 거의 없다. 그래서인지 일본인은 지도자를 판별하는 일이 얼마나 중요한지 잘 모르는 것 같다. 하지만 국민은 그 나라의 지도자가 잘못된 행동을 하지 않도록 항상 감시의 눈길을 거두지 않아야 한다.

미국도 비슷한 상황이다. 미국은 유사 이래 최대 채무국이며, 나랏빚이 나날이 불어나고 있다. 그 문제를 해결하려는 사람이 국내에 존재해야 하며 주요 직책을 맡아야 한다.

하지만 미국은 오만한 태도로 항상 여러 나라를 자극한다. 미국은 1776년 건국 이래 거의 모든 기간에 걸쳐 전쟁을 치르고 있다는 끔찍한 기록이 있다.

누군가는 전쟁의 대가를 치러야 한다. 미국 고위 인사들이 이 점을 정말로 이해하는지 의문이다.

투자를 하려면 건전하고 현명한 리더가 있는 나라를 찾아야 한다. 국가 지도자가 '부채를 줄이고 자산을 축적하는 것이 중요하다'는 기본을 이해하지 못한다면, 그 나라의 투자 위험이 증가한다. 나도 지정학적 리스크가 낮고 리더십이 강한 리더가 있는 나라를 찾고 있다.

브릭스는 탁상공론에 불과하다

:

내가 브릭스에 회의적인 이유

브릭스(BRICS)는 브라질(Brazil), 러시아(Russia), 인도(India), 중국(China), 남아프리카(South Africa) 등 5개국의 머리글자를 조합한 용어다.

남아프리카를 제외한 4개국을 나타내는 BRICs에 대해, 골드만삭스가 2003년에 발표한 보고서에서 "2039년까지 경제 규모가 현재의 G6(미국, 일본, 독일, 프랑스, 영국, 이탈리아)의 합계를 넘어설 것"이라고 예측하면서 시선을 끌었다.

브릭스 5개국은 광활한 국토와 풍부한 천연자원을 보유했으며 인구가 많다는 공통점이 있다. 국토 면적 기준으로 러시아가 세계 1위, 중국 4위, 브라질 5위, 인도 7위, 남아프리카 24위이며 모두 합하면 전 세계의 약 30%를 차지한다. 5개국의 인구는 전 세계 인구의 약 40%를 차지하며, 2022년에는 세계 경제에서 차지하는 비중이 26%에 달했다.

브릭스는 중국, 러시아를 중심으로 회원국 확대를 목표로 하고 있으며, 2023년 8월의 정상회의에서 아르헨티나(훗날 가입 철회 표명), 이집트, 에티오피아, 이란, 사우디아라비아, 아랍에미리트(UAE)가 가입을 결정했다.

하지만 나는 브릭스가 실체가 없는 집합체라는 점에서 회의적으로 생각한다. 브릭스는 현실을 모르는 사람이

지도를 펼쳐놓고 큰 나라를 모아놓은 데 불과하다. 지금의 강국과 같은 수준에서 거론하기에는 무리가 있다.

그럴듯한 조어를 만들어 유행시킨 감각에는 감탄하지만, 세계 경제에 큰 영향을 미칠 가능성은 작다. 결론적으로 브릭스의 경제협력은 탁상공론이다.

- 상품 변동폭이 크다.
- 중국과 인도에 비해 경제 성장이 저조함.
- 재정악화

:

브라질이 직면한 여러 문제

이제 개별 국가로 눈을 돌려보자. 브라질 사람들을 만나면 '차세대 강대국은 브라질'이라고 이야기한다. 하지만 그들은 옛날부터 같은 말을 해왔고, 현실을 보면 브라질의 경제 성장률은 중국과 인도에 비해 한참 뒤떨어진다.

브라질은 상품 변동 폭이 크다는 문제점이 있다. 시세가 급등할 때는 좋지만, 군사 쿠데타가 일어나거나 하면 모든 것이 무너지고 단숨에 하락한다.

2003년부터 2018년까지 브라질의 집권 여당이었던 노동당은 약 4,000만 명이나 되는 빈곤층에 지원금을 지급해 재정 악화를 초래했다. 돈을 찍어 나눠주는 것은 포퓰리즘 정책이었고, 결과적으로 빈곤층의 지원금 의존도를 심화하고 인플레이션을 악화시켰을 뿐이다.

현재 브라질에서는 우파 성향의 보우소나루 대통령을

거쳐 다시 노동당 룰라 대통령이 집권했다. 룰라는 재정 건전성을 고려하면서도 역시 빈곤층에 대한 퍼주기 정책을 지향하고 있다.

2022년 브라질의 실질 GDP(국내총생산) 성장률은 2.9%로 2년 연속 플러스 성장을 유지했지만, 브라질이 경제 대국이 될 것 같지는 않다.

:

인도는 세계에서 두 번째로 큰 국가가 될 수 없다

인도는 14억 1,717만 명(2022년)의 인구를 보유한 세계에서 7번째로 큰 나라다. 현재 중국을 제치고 세계 1위의 인구 대국이 된 인도는 인구 보너스기의 혜택을 받아 경제 성장의 한가운데에 있다. 2027년의 GDP는 미국, 중국에 이어 세계 3위로 부상할 것으로 예측되며, 중국에 이은 초강대국은 인도가 될 것이라는 전망도 많다. 하지만 나는 인도를 그렇게 높이 평가하지 않는다.

인도는 지금까지 국경을 닫고 경제 규제를 통해 국내 산업을 보호하려고 해왔다. 나는 모디 총리의 취임 후 1년 간의 정권 운영 방식을 지켜보다가 보유했던 인도 주식을 모두 매도했다. 그때까지는 개혁에 기대를 걸었지만, 전혀 달라질 기미가 없어 실망했기 때문이다.

인도의 채무 잔액은 매년 상승세를 그리고 있다. 모디 정부는 외국 자본 규제 완화, 대형 인프라 투자 계획 등에 나서고 있지만 큰 폭의 재정 적자가 만성화된 상태다.

게다가 2024년 총선을 앞두고 있어 본격적인 재정 재건도 미뤄지고 있다. 본래는 세출을 줄이기 위해 노력해야 하지만, 현재 상황은 그렇지 못하다.

인도를 높이 평가하는 사람 중 상당수는 인도를 직접 방문한 적이 없거나 타지마할 같은 유명 관광지만 방문했을 것이다.

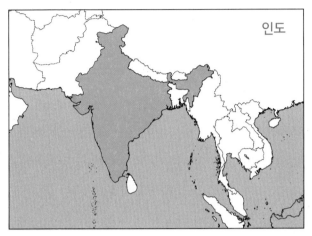

인도

- 만성적인 재정 적자.
- 민족, 종교, 언어가 매우 다양하고 무질서함.
- 관료주의는 경제 성장의 걸림돌.
- 특정인에게 이권이 집중됨.

　인도의 실정에 눈을 돌리면 발전을 가로막는 여러 요인을 발견할 수 있다. 예를 들어 인도-아리아, 드라비다, 몽골로이드 등 여러 민족이 공존하는 다민족 국가라는 점도 그 요인 중 하나로 꼽을 수 있다.

　지폐에 17개의 언어가 인쇄된 것만 봐도 알 수 있듯이 인도에는 많은 언어가 사용된다. 제1 언어인 힌두어를 사용하는 사람은 인구의 40%가 넘지만, 벵골어와 기타 다양한 언어도 사용되며 각 주가 공인한 언어만 22가지다. 일상적으로 사용하는 언어만 해도 무려 1,800~2,000개에 달한다고 한다.

중국에서는 전 국민이 같은 언어를 읽고 쓸 수 있지만 인도는 그렇지 않다. 국내에서도 멀리 떨어진 지역끼리는 의사소통을 원활하게 하기 힘들 정도다.

인도에서는 영어를 사용한다는 이미지가 있는데, 사실 영어를 할 수 있는 사람은 인구의 10%가 조금 넘고, 유창하게 말할 수 있는 사람은 4%에 불과하다.

종교도 매우 다양하다. 인구의 80%를 차지하는 힌두교 외에도, 이슬람교가 14.2%, 기독교가 2.3%, 시크교가 1.7%, 불교가 0.7%, 자이나교가 0.4%로 다종다양하다. 더욱 세부적으로 나누면 2,000개에 달하는 종교가 있다고 한다.

그중에서도 힌두교와 이슬람교 간의 오랜 갈등으로 인해, 2020년 이후 극단주의 힌두교도들이 무슬림을 빈번하게 공격하고 있다. 그뿐만이 아니다. 심각한 대기 오염과 물 부족도 큰 걸림돌이다.

다양한 민족과 종교, 언어와 광활한 땅을 가진 인도를 통일하려면 많은 노력이 필요했다. 인도는 국가를 통일하는 수단으로 강력한 관료제를 확립했다. 관료주의가 인도 경제 발전에 크게 기여했다는 사실은 부인할 수 없다. 반면에 관료주의 특유의 경직성이 경제 침체의 주요 원인인 것도 사실이다.

인도의 부패와 금권정치는 세계 최악으로 알려져 있으며, 친족주의가 팽배해 특정인들에게 이권이 집중되는 구도가 고착화되었다. 관료주의의 폐해를 해결하려 하지만 그 행보는 결코 빠르다고 할 수 없다. 그 때문에 이란과 사우디아라비아처럼 대외 개방을 위한 움직임은 활발하지 않다.

:

역사상 통합하지 못하는 나라는 성공할 수 없다

내가 아는 한 통합되지 않은 국가는 큰 성공을 거두지 못한다.

예를 들어, 미국은 영어라는 단일 언어를 통해 하나의 국가로 통합된 역사가 있다. 미국으로 이민을 가려면 영어를 잘해야 했기 때문에, 이민자들은 성공하기 위해 열심히 영어를 배웠다.

하지만 인도에서는 힌두어를 배우지 않고도 살 수 있다. 국민 통합이 이루어지지 않은 것은 당연한 일이다.

물론 뛰어난 인도인 사업가를 찾을 수 있다면 인도에 투자할 가치가 있다. 하지만 인도에서는 교육 수준이 높은 인재가 미국을 비롯한 해외로 유출되는 상황을 막지 못하고 있다.

원래 인도는 초등학교 취학률이 100%에 육박하지만,

열악한 교육 환경과 교사의 질 저하로 인해 많은 학생이 중퇴하기 때문에 중등 교육에 진학하는 학생이 적은 편이다. 국내에 뛰어난 인재를 늘리려면 근본적인 개혁이 이루어져야 한다.

내가 브릭스에 비판적이라고 해서 브릭스 국가들의 경제 성장 자체를 부정하는 것은 아니다. 인도 경제는 성장하고 있으며 앞으로도 계속해서 성장할 것이다. 하지만 인도가 과거 전후의 일본이 눈부신 경제 성장을 이룬 것만큼 성공할 것 같지는 않다.

:

중국 다음으로 유망한 나라

중국은 브릭스에서 가장 유망한 국가이고 러시아가 그 뒤를 잇고 있다. 중국은 2장에서 다루기로 하고 여기서는

- 정부와 국민의 부채가 적음.
- 에너지 가격 급등으로 시장 활성화.
- 우크라이나 전쟁을 중단하면 경제의 핵심 주자가 될 것.

일단 러시아에 대해 살펴보자.

나는 1966년, 소련 시절의 러시아를 방문한 적이 있다. 당시에는 융통성 없는 경찰국가, 반자본주의 국가라는 인상만 받았고, '이런 사회는 제대로 기능하지 않을 것'이라며 차가운 눈으로 러시아를 바라보았다.

1991년, 소련이 붕괴하고 러시아가 된 후에도 러시아 주식이나 채권에 투자할 생각은 없었다. 당시에는 공산주의 시대의 인프라를 그대로 사용했기 때문에 생산성이 여전히 낮았다.

나는 50년 이상 러시아라는 투자처를 외면해왔지만, 2015년경부터 러시아 경제에 대해 긍정적인 관점을 갖게 되었다. 직접적인 계기는 2015년 블라디보스토크에서 '동방경제포럼'이라는 국제경제회의가 개최되면서 공동기금이 설립된 것이다.

러시아는 그동안 상트페테르부르크에서 국제경제회의를 개최해왔는데, 새롭게 블라디보스토크에서 '동방경제포럼'을 열었다. 여기에는 천연자원이 풍부한 해안 지역에 투자해 러시아 극동 지역을 개발하려는 의도가 있었다.

공동기금 설립은 러시아 안에서 해외 투자를 유치하려는 대담한 변화가 일어났음을 보여준다. 나는 러시아의 이런 변화에 초점을 맞췄다.

러시아 극동 지역은 중국과 국경이 가까워서 많은 중국인이 거주하고 있으며 중국 기업도 진출하고 있다. 따라서 중국이 러시아 극동 지역으로 진출해 그 지역을 발전시킬 수 있다는 셈법이 통한다.

지금은 우크라이나 침공으로 혼란스럽지만, 러시아 자체는 정부 채무가 적고, 국민의 부채도 적은 편이다. 서방 국가들보다 훨씬 탄탄한 펀더멘털(Fundamental, 기초적인 경제 여건)을 갖고 있다. 게다가 에너지 가격 급등이 러시아에 순풍으로 작용했다.

푸틴이 권력을 고집하는 한 힘들겠지만, 우크라이나 전쟁을 중단하면 러시아는 경제의 핵심 주자로 커갈 수 있다.

2장

세계적 투자자들이 예측하는
향후 10년간 '성장하는 나라'

성장하는 국가의 공통점은 저렴함과 극적인 변화

:

큰 변화는 전쟁·재해·지도자에 의해 생긴다

지금 세계에서 성장하는 국가들의 공통점은 '저렴함'과 '극적인 변화'다. 저렴함과 변화는 종종 전쟁이나 재해로 인해 발생한다. 전쟁이나 재해가 일어나면 물가와 인

세계적 투자자들이 예측하는 향후 10년간 '성장하는 나라'

건비가 하락한다. 그 순간 뛰어난 리더십을 가진 지도자가 등장하면 극적인 변화를 이룰 수 있다.

향후 10년간 성장할 가능성이 큰 나라에 투자하고 싶다면, 이미 전쟁이나 재해가 일어나는지 확인하는 것이 효과적인 방법일 수 있다.

예를 들어 우즈베키스탄을 보면 소련 붕괴 이후 정치적으로는 민주화, 경제적으로는 시장경제화로 변모했다. 소련에 의한 지배를 '전쟁'이라고 표현할 수 있는지 여부와 관계없이 소련 붕괴 이후 일종의 혁명이 일어난 것은 틀림없다.

실제로 소련에서 독립한 후 우즈베키스탄은 눈에 띄는 경제 발전을 이루진 못했다. 이는 카리모프 초대 대통령의 오랜 독재 정치의 영향 때문이라 알려져 있다.

하지만 오늘날 우즈베키스탄에서는 확고한 개혁노선을 추진하고 있으며, 사람들은 풍부한 천연자원과 관광자원을 바탕으로 새로운 비즈니스를 개발하기 위해 행동하고 있다.

여기서 중요한 것은 변화가 실체를 동반하는지 여부다. 그 나라가 대외적으로 변화하고 있다고 홍보한다고 해서 실제로 변하고 있다는 뜻은 아니다.

주목해야 할 것은 그 나라의 지도자다. 지도자가 정말 투자자를 유치하려는 것인지, 아니면 말로만 떠들고 행동은 하지 않는지 잘 살펴봐야 한다.

말로는 투자와 기업을 장려하더라도 과세를 하거나 규제를 강화했다면 투자자와 기업가를 끌어들일 수 없다. 투자자와 기업가는 그 나라의 진정성을 확인하기 위해, 규제 완화 같은 변화가 있는지, 투자자에게 인센티브를 제공하는지 확인해야 한다.

지도자가 투자자에게 세제 혜택을 제공하거나 돈을 쉽게 인출할 수 있게 하는 등 투자자를 만족시킬 구체적 정책을 펼친다면 그 나라는 좋은 방향으로 가고 있다는 뜻이다.

투자자와 기업가에게 '이 나라에 와서 돈을 벌고 성공하라'고 호소하고 실행에 옮기는 국가는 반드시 성장할 것이다.

:
저렴한 가격과 고품질로 명성을 얻은 과거의 일본

현재 일본의 엔화 약세가 진행되면서 많은 관광객이 해외에서 일본을 방문해 일본 제품을 사거나 일식을 즐기고 있다.

통화 약세가 상품을 더 저렴하게 만드는 것은 사실이지만, 상품이 싸다고 그 나라가 무조건 성공하는 것은 아니다. 전 세계에서 '가격이 싼 나라'는 일본 외에도 많지만, 대부분은 품질마저 그만큼 저렴하다.

전후의 일본은 저렴하면서도 품질이 좋은 자동차와

전자 제품을 대량 생산하고 세계에 수출함으로써 시장 점유율을 높여갔다. 당시의 일본 기업이 만든 제품은 모두 압도적으로 높은 품질에 저렴하기까지 했다.

일본 기업이 그 당시, 얼마나 저렴하면서 고품질인 제품을 만들었는지 보여주는 일화가 있다. 내가 자주 언급하는 알루미늄 롤 이야기다. 세계 최대의 알루미늄 제품 및 알루미나(알루미늄 원료) 제조업체인 알코아(당시 회사명은 미국·알루미늄)라는 미국 기업이 있다.

1950년대, 이 회사의 CEO가 일본에서 가져온 알루미늄 롤을 보고 직원들은 깜짝 놀랐다. 품질이 너무 좋았기 때문이다. 그들은 그때 '이건 분명 특별한 목적을 위해 만들어진 것'이라고 생각했다.

하지만 사실 그 알루미늄 롤은 일본에서 일반적으로 유통되는 평범한 제품이었다. 즉 당시 일본인들이 인식하는 보통 수준의 품질이 미국인들에게는 최고 품질이었던 것이다.

당시 일본 제품은 너무 저렴해서 미국인들은 '싸구려 불량품일 것'이라고 무시했다. 1965년 제너럴모터스(GM)에 온 한 컨설턴트가 "일본 제조업체들이 미국에서 차를 팔려고 한다"고 보고했더니, 한 임원은 "일본 차가 팔리겠냐. 아무 문제 없다"며 웃어넘겼다고 한다.

그로부터 40여 년이 지난 지금, 토요타는 GM(2009년 파산)을 능가하는 글로벌 자동차 제조업체로 성장했다. 나는 미국 자동차의 품질이 갈수록 떨어지는 것을 봐왔다. 반면 일본 자동차는 저렴한 가격뿐 아니라 연비도 뛰어났다. 그런 이유로 일본 자동차는 미국 시장 점유율을 높일 수 있었다.

일본인은 전 세계에 판매하려면 제품의 품질이 좋아야 한다는 점을 잘 알았다. 고품질이면서 가격 경쟁력이 있는 상품을 만드는 데 주력했기 때문에 세계에서 성공한 것이다.

이 사례를 통해 우리는 '저렴한' 것만으로는 충분하지

않다는 점을 잘 알 수 있다. 저렴하다는 기준만 충족하는 나라는 꽤 많지만, 교육 수준이 좋고 품질도 좋은 나라는 거의 없다. 저렴할 뿐만 아니라, 과거의 일본이 실현했던 고품질이라는 기준도 충족하는 것이 중요하다.

2차 세계대전 패전국이 극적으로 성장한 이유
:
요인은 인구와 자유로운 정신

그러면 2차 세계대전 이후 독일과 일본의 사례를 들어 과거의 역사에서 성장한 국가들의 힌트를 살펴보겠다.

2차 세계대전 이후 독일은 동서 분단국가가 되었지만, 서방의 독일연방공화국(서독)은 1949년부터 고도 경제 성장을 이어가며 '기적'이라고도 불리는 경제 부흥을 이루어냈다.

서독의 GDP는 1950년부터 1956년까지 6년 동안 63% 증가하는 경이로운 성공을 거두었다. 같은 시기 유럽 국가들의 성장률을 보면 이탈리아가 38%, 프랑스는 27%, 영국이 17%로 서독이 얼마나 눈부신 성과를 거두었는지 알 수 있다.

일본에서도 1950년 한국전쟁이 발발하자 전쟁 특수가 일어났고, 이를 발판으로 1954년부터 고도 경제 성장이 본격화되는 진무(神武) 경기*가 시작되었다.

1953년에는 전쟁 전 수준으로 경제가 회복되었고, 1956년 『경제백서』에는 '더 이상 전후가 아니다'라고 명시되었다. 그 후, 이와토 경기(1958~1961년), 이자나기 경기(1965~1970년), 도쿄 올림픽(1964년)에 의한 특수 등 한동안 일본의 경제 호황이 이어졌고, 1968년에는 GDP[당시 GNP(국민총생산)] 기준으로 서독을 제치고 세계 2위 경제 대국의 자리에 오르기도 했다.

---

* 일본 고대 '진무 일왕' 이후 가장 경기가 번성했다는 의미로, 1954년 12월부터 1957년 6월까지 31개월간의 장기호황을 가리킨다.

당시 독일과 일본에는 젊고 유용한 인구가 많았다. 국가가 성장하려면 '인구'와 아이디어와 에너지의 원천인 '자유로운 정신'이 필요하다.

전쟁에서 해방된 직후의 독일과 일본 국민은 '하고 싶은 건 무엇이든 해보자'는 의욕이 넘쳐났다. 정부가 경제 활동에 간섭하지 않고 자유를 허용했기에 가능했던 일이다. 정신이 해방되면 사람들은 대개 자신의 능력을 개발하려고 한다. 국민이 자신의 능력을 발전시키면 국가 전체도 발전할 수 있다.

여기서 '해방된 인간의 정신'이라고 표현한 것은 일반적으로 '야성적 충동(animal spirits)'이라는 개념에 가깝다. '야성적 충동'은 이루고자 하는 것에 대한 주관적 기대를 나타내는 개념이다. 원래는 경제학자 케인스가 자신의 저서 『고용·이자 및 화폐의 일반 이론』(1936)에서 언급한 유명한 말이다. 혈기와 야심에 따라 예측할 수 없고 불합리한 행동을 하는 인간의 심리를 뜻한다.

경제 활동은 본질적으로 수익과 리스크(위험) 확률보다는 야성적 충동에 기반을 두고 있으며, 케인스는 "기업 활동은 남극 탐험과 크게 다르지 않다"는 유명한 문구를 남겼다.

야성적 충동이라는 용어는 부정적 의미도 있겠지만, 나는 '의욕을 불러일으키는 것'으로 긍정적 맥락에서 이해한다. 일본인이 야성적 충동을 해방한 시대에 혼다 소이치로(本田宗一郎)는 오토바이를 생산해 세계적인 성공을 거두었다. 그의 사업이 성공한 원인은 분명했다. 일본에 큰 시장이 있고 일본인들에게 많은 오토바이를 팔 수 있었기 때문이다.

일본은 천연자원이 풍부하진 않았지만, 여러 종류의 자원이 있고 농업이 번성했으며 교육을 받은 사람들이 많았고 야성적 충동이 존재했다. 야성적 충동 여부는 향후 성장할 나라를 판단할 때 중요한 요소라는 데는 의심의 여지가 없다.

또 정부가 국민을 옥죄고 행동을 제한하기보다는 자유로운 발상으로 사업을 허용하는지도 주목해야 한다. 예를 들어, 일본에서 혼다 소이치로가 1947년 자전거 보조 동력을 개발했고 1949년에 '드림호'라는 오토바이를 탄생시켰으며, 1958년에는 1년 8개월에 걸쳐 '슈퍼 커브'를 개발하는 데 성공했다. 슈퍼 커브가 '전 세계에서 가장 많이 팔린 오토바이'로 세상을 누비면서 혼다는 글로벌 운송장비 제조업체로 성장했다. 요컨대 일본은 전후 자유로운 제조업이 허용되면서 글로벌 기업이 잇달아 탄생했다.

또 다른 예를 들면, 구소련 시대의 우즈베키스탄은 정부가 비즈니스를 주도했지만, 소련 붕괴 이후에는 국민에게 맡기는 쪽으로 정책을 변경해 경제 발전을 이루었다.

중국, 다음 패권국의 자리에 오르는 날

:

국력의 배후에 있는 풍부한 천연자원

지금 차세대 패권국이 될 가능성이 있는 곳은 바로 중국이다.

아직까지는 우크라이나와 전쟁 중인 러시아가 2030년까지 지배적이고 강력한 국가가 될 수 있다고 생각하지는 않는다. 미국이 이미 쇠퇴하기 시작했거나 쇠퇴할 것이라고 가정했을 때, 아시아에서 대두되는 국가 중 패권국이 될 요건을 갖춘 나라는 중국뿐이다.

중국의 인구는 14억 1,218만 명(2022년)으로 감소세로 돌아섰지만, 여전히 세계 2위의 인구를 보유하고 있다.

GDP는 약 17조 9,600억 달러로 세계 2위의 경제 대국이다. 또한 중국에는 풍부한 천연자원이 있다. 지금까지 매장이 확인된 광물만 171종류나 된다. 석탄, 철, 구리, 알루미늄, 안티몬, 몰리브덴, 망간, 주석, 납, 아연, 수은 등 주요 광물에 대해 세계 정상급의 매장량을 자랑하며 그 중에서도 석탄의 매장량은 1,387억 톤, 철광석은 463억 5,000만 톤을 보유하고 있다.

그 밖에도 석유, 천연가스, 오일 셰일 등의 화석 연료

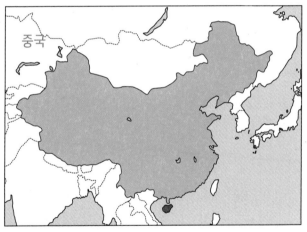

• 세계 2위의 인구.
• 세계에서 두 번째로 큰 경제 대국.
• 천연자원, 산림자원, 에너지자원이 풍부.
• 국가의 폐쇄 정책 여부가 운명을 좌우할 것.

매장량이 풍부하고, 희토류 매장량은 다른 국가의 총량을 웃돈다고 한다.

중국의 힘 뒤에는 시베리아에 있는 대량의 천연자원도 있다. 중국에 유리한 것은 러시아와 국경을 맞대고 있다는 지리적 조건이다. 러시아의 주요 천연자원은 철광석을 제외하면 국토의 동부와 북부에 편재되어 있다. 즉 천연자원의 공급원이 얼마 남지 않았다.

시베리아는 러시아 석탄 확인 매장량의 무려 90%를 차지할 정도로 석탄자원이 풍부하다. 또한 산림자원이 풍부해 중국 임업 기업에 목재를 공급한다. 2018년 한 중국 기업이 시베리아 서부 톰스크의 침엽수림인 '타이거'를 50년간 1억 달러 남짓에 임대했다고 알려졌다.

시베리아는 석유·천연가스 매장량도 풍부하다. 튜멘주에서 생산되는 석유는 러시아 전체 석유의 70%를 생산하지만, 석유 생산량은 감소 추세이며 매장량도 전 세계 매장량의 6%에 불과하다.

반면 천연가스 자원은 전 세계 천연가스 매장량의 32%를 보유할 만큼 풍부하다. 2014년 중국과 러시아는 천연가스 파이프라인 건설에 합의했고, 2019년에 일부 구간이 개통되었다.

또한 2022년에는 동시베리아에서 러시아 동부 최대의 가스전인 코빅타·가스전의 조업이 개시되어, 중국으로 향하는 3,000킬로미터의 파이프라인이 전면 개통되었다.

러시아에서 중국으로 향하는 천연가스 파이프라인 건설은 '시베리아의 힘'이라고 불리는 일대 프로젝트이며, 몽골을 거쳐 중국으로 가스를 보내는 '시베리아의 힘 2' 건설 계획도 추진 중이다.

:

앞으로 중국을 기다리는 장벽

물론 중국이 패권국이 되려면 여러 장벽이 예상된다.

미국은 20세기에 가장 성공한 나라가 되었지만, 그 과정에서 내전, 심각한 불황, 수많은 기업 파산, 폭동 등의 문제가 발생했다.

그 이전에 세계를 지배했던 영국을 봐도 빈곤과 불평등 사회, 공해 문제 등을 갖고 있었다. 영국의 위대한 소설가인 찰스 디킨스의 『위대한 유산』, 『크리스마스 캐럴』, 『올리버 트위스트』 같은 작품에는 19세기 영국의 심각한 사회 상황이 묘사되어 있다. 그러나 영국과 미국은 모두 장벽을 뛰어넘어 패권국이 되었다.

중국은 지금 큰 문제를 갖고 있으며, 앞으로도 몇몇 대기업이 무너지고 불황이 닥치면 더 큰 파산과 공황을 경험할 수도 있다. 그럼에도 중국은 패권국이 되기에 가장 근접한 국가이며 충분히 문제를 극복할 수 있다고 생각한다.

마오쩌둥이 지도자였을 무렵의 중국은 매우 폐쇄적인 국가였고, 경제 정책도 그랬다. 덩샤오핑이 정상에 오르자 1978년 개혁 개방 정책을 강조하며 경제 정책을 전환했다. 중국은 1979년, 광둥(廣東)성의 선전(深圳), 주하이(珠海), 산터우(汕頭), 샤먼(廈門), 4개의 경제특구를 지정했다. 외국인을 적극적으로 유치해서 합작기업과 외국계 기업이 경제 발전을 견인했다.

덩샤오핑은 다음과 같은 말을 남겼다.

"창문을 열면 신선한 공기와 함께 파리도 들어온다."

요컨대 그는 경제 개방이 약간의 단점도 있지만, 장점이 더 많다는 사실을 잘 알았다. 지난 몇 년간 중국은 외국 기업의 투자를 장려하고, 기업이 자유로운 활동을 할 수 있도록 하는 개혁 개방 정책을 추진하고 있다. 또 테크놀로지 기업 같은 신생 기업을 공공의 적으로 규정해 본보기를 보이기도 했다.

만일 그들이 마오쩌둥 시대로 역행한다면 중국과 세계 경제에 부정적인 영향을 미칠 것이다. 지금 중국은 크게 폐쇄적이진 않다. 국경과 경제는 여전히 개방되어 있다. 이 상태라면 농업, 관광, 여행, 엔터테인먼트 등 다양한 분야에서 밝은 미래를 기대할 수 있다.

더구나 중국에서 매년 배출되는 엔지니어 수는 미국의 10배가 넘는다. 물론 엔지니어가 많다고 무조건 좋은 것은 아니지만, 혁신을 일으킬 힘은 세진다고 생각한다.

내가 주목하는 것은, 앞으로 중국이 폐쇄정책을 택할 것인가 여부다. 중국은 역사적으로 여러 차례 개방과 폐쇄를 반복해왔다.

내년에 중국이 어떤 선택을 할지는 짐작하기 어렵다. 현 지도자인 시진핑은 실질적으로 종신 권력을 갖고 있으므로 자신의 정책을 과감하게 실행할 자신감과 힘을 갖추고 있다. 그가 앞으로 어떻게 행동할지 주목해야 할 것이다.

그가 중국의 역사와 경제 발전의 기본 원리를 이해하고 있다면 잘못된 선택을 하진 않을 것이다. 여러분은 어떻게 생각하는가?

사우디아라비아, 일련의 놀라운 변화들

:

석유 의존으로부터의 탈피

사우디아라비아는 현재 놀라운 변화를 겪고 있다.

인구는 3,641만 명으로 그리 많지 않지만, 이민자 인구는 1,345만 명(2020년)으로 상당수의 이민을 받아들이고 있다. 또한 일본보다 국토 면적이 6배나 넓다.

원래는 일부 사업가와 이슬람교 순례자 등을 비롯해 제한된 수의 외국인만 입국할 수 있었지만, 2019년부터 관광 비자를 발급해 그 외의 방문객도 입국할 수 있게 되었다. 이어 2022년에는 성지 메디나에 대한 관광객도 받아들였다.

외교적으로는 중국과 밀접한 관계를 맺고 중국의 중재로 단교 상태였던 이란과 국교 정상화에 합의하고 주변국과 외교를 활발히 진행하고 있다.

잘 알려진 바와 같이 사우디아라비아는 풍부한 석유자원을 중심으로 발전해온 나라다. 세계 최대의 석유 매장량과 생산량, 수출량을 자랑하며 필요한 정책을 시행하기에 충분한 자산을 보유하고 있다. 그와 동시에 가격 변동이 큰 석유 수입에 의존하지 않고, 비석유 분야인 제조 산업을 육성하기 위해 노력해왔다.

2015년 살만 신임 국왕의 즉위가 주요 전환점이 되었다. 이를 계기로 지도자층의 세대 교체가 가속화되면서 국왕의 아들인 무함마드 빈 살만 왕세자를 중심으로 경제 정책이 시행되었다.

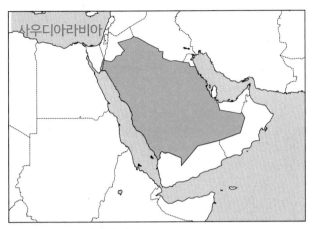

- 석유 의존으로부터의 탈피.
- 이민자 인구 증가.
- 일본의 약 6배에 달하는 넓은 국토.
- 폐쇄적인 국가에서 개방적인 국가로.
- 관광 산업 발전에 주력.

2017년에는 살만 국왕과 무함마드 왕자(당시 부왕세자)가 주도하는 '사우디 비전 2030'을 발표했다. 정부 산하 펀드인 PIF(공공투자펀드)를 세계 최대 펀드로 확대하고, 석유 의존에서 탈피한다는 내용 때문에 많은 관심을 받았다.

그 후, '비전 2030'에 기반한 다양한 개발 정책이 도입되었고, 2017년에는 모든 소비 전력을 재생 에너지로 충당하는 거대 도시 계획인 네옴(NEOM)을 발표했다. 관광 및 리조트 지역 개발, 문화와 스포츠 시설 건설 등 다양한 프로젝트가 진행되고 있다.

∶

폐쇄적인 나라에서 개방적인 나라로 변하다

수십 년 전만 해도 사우디아라비아는 매우 폐쇄적인 나라였다. 그러나 사우디아라비아의 총리 자리에 오른 젊은 무함마드 빈 살만은 북한 김정은과 상당히 비슷한 위치에 있다고 할 만큼 권력이 집중되어 있었다. 좋든 나쁘든 그의 정책에 따라 사우디아라비아는 크게 변화할 것이다.

사우디아라비아가 변화하는 이유 중 하나로 젊은이들이 해외에서 교육을 받게 된 것을 들 수 있다. 주로 미국이지만, 캐나다, 호주, 프랑스 등도 주요 유학지이며, 최근에는 애니메이션이나 만화, J-POP 인기를 배경으로 일본을 유학지로 선택하는 사람도 상당하다.

해외에서 교육받은 젊은 사우디아라비아인들은 자국 안에 여러 문제가 있다는 사실을 깨달았을 것이다. 자국으로 돌아와 세계에는 더 자유로운 나라가 있다고 전했고, 젊은 세대는 변화를 위해 행동에 나섰다. 물론 적지 않은 사람들이 변화에 저항할 것이고, 바로 변혁이 이루어지지도 않을 것이다.

여성들이 착용하는 아바야(검은색 롱코트 스타일의 민족의상)와 히잡(머리를 가리는 스카프)이 하루아침에 사라지는 것은 아니다. 하지만 복장 규제는 이미 사실상 사라져서 점점 더 많은 여성이 아바야 속에 자유로운 패션을 즐기고 가족 앞에서는 아바야를 벗고 지낸다. 또 2018년 여

성의 자동차 운전 금지 조치가 해제되는 등 조금씩이지
만, 사우디아라비아는 확실히 변화하고 있다.

억압적이고 폐쇄적인 사회에서 개방적인 사회로 변한
다면, 그 나라는 대개 성공을 거둔다. 사우디아라비아가
발전하면 세계 경제에도 좋은 영향을 줄 것이다.

:

관광 산업 발전을 목표로 하다

이슬람 성지 메카가 있는 사우디아라비아는 그동안 이
슬람 순례 목적을 제외한 외국인 입국을 원칙적으로 금
지해 '세계에서 가장 입국하기 어려운 나라'로 불렸다. 그
러나 위에서 언급했듯이 최근 몇 년 동안 방침을 급격히
전환해 외국인 관광 비자 발급이 허용되었고, 전 세계에
서 관광객이 찾아오게 되었다.

사우디아라비아 관광국에 따르면 2023년 7월 말까지 관광객 수는 2019년 같은 기간과 비교해 58% 증가했으며, 1~7월에는 세계 2위의 해외 관광객 수를 기록했다. 세계에서 가장 입국이 어려운 나라로 불리던 과거와 비교하면 격세지감이 느껴진다.

해외 관광객에게 폐쇄적이었던 시절의 사우디아라비아는 입국했다고 하더라도 머물 수 있는 숙박 시설이 거의 없었다. 아니, 애초에 식사할 수 있는 식당도 거의 없었다.

그러나 지금은 싱가포르를 대표하는 고급 리조트 마리나베이샌즈를 운영하는 사람들을 고용해서 현지에 동일한 카지노 호텔을 열 정도로 변화했다. 이는 정부가 관광산업을 비전 2030의 중요한 축으로 규정하고 적극적으로 투자했음을 시사한다.

최근에 사우디아라비아를 방문한 적은 없지만, 사우디아라비아로 옮긴 한 엔터테인먼트 업계의 중진을 잘 알고 있다. 사우디아라비아의 관광업에 가능성을 느끼지 않았다면, 그 나라에서 일할 생각을 하지 않았을 것이다. 그는 계속해서 사우디아라비아에서 그 나라의 관광 산업 발전에 힘을 쏟는다고 했다.

'비전 2030'은 세계 5대 관광지에 선정되는 것을 목표로 하고 있다. 2030년까지 연간 방문객 1억 명, 관광 산업 GDP 기여도를 10%로 향상, 관광 산업을 통한 160만 명 고용 창출이라는 세부 목표도 있다. 사우디아라비아에는 세계문화유산으로 등재된 매력적인 관광지가 여러 곳 있으므로, 충분히 실현 가능성이 있는 목표라고 생각한다.

현시점에서 사우디아라비아는 '좋은 방향으로 변하는 나라'라는 표현이 적절하고, 풍부한 자산을 보유했기에, 성장국의 명단에 오를 자격이 있다. 2030년, 그리고 그 이후에도 사우디아라비아는 훌륭한 투자처가 될 잠재력이 있다.

우즈베키스탄, 순조로운 경제 발전 실현

:

사회주의 국가에서 자본주의 국가로

지금 지정학적 리스크를 회피할 목적으로 투자한다면 나는 우즈베키스탄을 선택하겠다. 사실 이미 우즈베키스탄 투자 회사에 몇 가지 투자 중이기도 하다.

우즈베키스탄은 중앙아시아 남부의 사막 지대에 있는 공화국이다. 과거에는 소련에 속했지만, 1991년 소련이 해체되면서 독립했다.

독립 초기에는 경제가 부진했지만 사회주의에서 자본주의 경제로 이행해 1990년대 중반부터 서서히 회복 기조에 접어들어 순조로운 경제 성장을 이루고 있다.

우즈베키스탄은 한 번에 자본주의화된 것이 아니라, 약 25년간 집권한 카리모프 대통령의 강력한 리더십 아래 아주 점진적인 형태로 진행되었다.

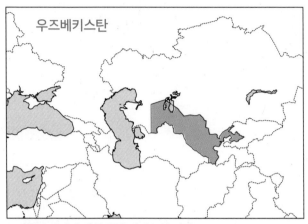

우즈베키스탄

- 사회주의에서 자본주의 경제로의 이행.
- 높은 교육 수준.
- 농업국으로서의 성장.
- 천연자원을 활용한 경제 발전.
- 잠재력 높은 관광 산업.

예를 들어, 과거에는 토지 사유화가 인정되지 않았고, 국유 기업에 유리하도록 까다로운 외화 관리 규제와 번잡한 수출입 절차 등 사회주의적 색깔이 강한 경제 정책이 이어지면서 비즈니스 환경이 갖춰지지 않았다. 하지만

2016년에 취임한 미르지요예프 대통령이 5개년 계획을 발표하면서, 국가 차원의 개혁과 자유화 정책을 추진하는 길을 선택했다.

그 후 관광 산업 활성화와 농업의 근대화, 창업 권장, 비즈니스와 외화 구입 자유화 등의 시책을 도입해 큰 성과를 냈다.

외국계 기업 수는 2017년 5,000개에서 2020년 말 1만 개로 대폭 증가했고, 투자 관련 법률과 자유경제구역(FEZ)에 관한 법률, 세금 우대 조치, 투자자 비자 정비도 착착 진행되고 있다.

세계은행이 발표한 2020년 비즈니스 환경 순위에 따르면 우즈베키스탄은 69위에 올랐다. 2012년의 166위와 비교하면 크게 도약한 순위다. 이런 움직임에 따라 무디스는 우즈베키스탄을 '안정적'에서 '긍정적'으로 변경하고 신용등급을 B1으로 상향했다.

:

우즈베키스탄 경제를 지탱하는 기둥

우즈베키스탄에서는 구소련 시대에 산업을 지원하는 기술자가 필요했기에, 원래부터 일정 수준의 교육이 이루어졌다. 독립하기 전에는 국립대학에 드는 비용을 정부가 부담했다.

독립 후에도 정부는 교육 분야를 중시하고 국가 예산의 상당 부분을 배정해 교육 분야의 개선에 힘썼다. 일설에 의하면 사회주의 국가였던 시대의 교육 유산에 따라 우즈베키스탄의 문해율과 취학률이 높고 교육 수준도 높다고 한다.

산업 유형별로 보면 농업이 번성해 면화 재배가 주요 산업이며, 2021년에는 세계 6위의 생산량을 기록했다. 사우디아라비아가 기후 문제로 농업국으로 발전하기 어려운 상황과는 대조적이다.

또 천연자원도 풍부해 천연가스, 우라늄, 금을 풍부하게 생산한다. 금 매장량은 세계 12위, 석탄 매장량은 세계 10위라고 한다. 앞으로도 석유와 천연자원의 개발과 더불어 경제 성장이 지속될 것으로 보인다.

우즈베키스탄에는 공산주의의 문제점을 이해하고 풍부한 천연자원을 활용해 경제 발전을 도모하려 했던 사람들이 있었다. 소련의 실패를 목격했기에 기업가 정신을 키울 수 있었을지도 모른다.

우즈베키스탄은 매력적인 투자 대상국 중 하나다. 지도를 보면 알 수 있듯이, 우즈베키스탄이 중국과 지리적으로 가깝다는 것도 좋은 조건이다. 양국은 재생 에너지, 디지털 기술, 부하라주의 풍력 발전소와 타슈켄트주의 태양광 발전소 건설 사업, 배터리 시스템 구축을 위한 융자 등에서 협력하기로 합의했다. 향후 중국의 존재감이 커지면서 우즈베키스탄이 경제적으로 도약할 가능성도 있다.

:

관광 산업의 잠재력

그 밖에도 우즈베키스탄에는 매력적인 관광 명소들이 있다.

우즈베키스탄은 아시아와 유럽을 연결하는 실크로드의 오아시스로 오랫동안 번영했고, 몇몇 도시에 동서문화의 융합을 보여주는 문화와 건축물이 남아 있다. 또한 사마르칸트, 부하라, 히바, 샤프리사부스 등 4개의 세계 문화유산이 남아 있다.

사마르칸트는 '푸른 도시', '동양의 로마', '이슬람의 진주'라는 별명이 붙은 유명한 관광 도시다. 고대부터 문명이 발전해 기원전 4세기, 알렉산더 대왕이 높은 수준의 도시 문명에 깊은 인상을 받았다는 일화가 있다. 유명한 장소인 레기스탄 광장이 마을 중심에 위치하고, 세 동의 마드라사(신학교)가 광장을 둘러싸고 있어서 사람들의 눈길을 끈다.

실크로드의 중심지인 부하라 구시가지에는 햇볕에 말린 벽돌로 만든 성벽과 많은 모스크를 볼 수 있다.

히바는 이중 성벽으로 둘러싸여 있는 고대 도시로, 온전하게 남아 있는 내성이 인상적이다. 그리고 샤프리사부스에는 15세기 티무르 왕조 시대의 건축물이 지금도 남아 있다.

우즈베키스탄은 관광객 유치를 위해 굳이 신규 설비 투자를 할 필요가 없다. 이 관광자원이 앞으로 우즈베키스탄의 경제 발전에 큰 도움이 될 것이다.

우즈베키스탄은 수십 년 동안 해외 관광객들에게 폐쇄적인 나라였다. 공산주의 국가였을 때는 여행 자체를 할 수 없었고 굳이 가려는 사람도 없었다. 하지만 지금은 적극적으로 관광객을 받아들이려는 자세로 돌아섰다.

관광 진흥은 발전의 대들보 역할을 하면서, 몇 년 전부터 대외 홍보 활동과 관광지 정비, 해외 관광객 서비스

개선 등 다양한 방법을 시행하고 있다.

2018년에는 일본을 포함한 7개국의 비자를 면제하고, 그 밖의 국가에도 비자 취득 절차를 간소화하는 등 관광객 수용에 유연한 자세를 보였다. 또 일본의 H.I.S 호텔 홀딩스도 수도 타슈켄트에서 호텔을 세우는 등 외국 기업에 의한 관광자원 개발에 적극적으로 나서고 있다.

그 결과 우즈베키스탄을 찾는 관광객이 급증해 사회경제 시스템이 세계에 널리 알려지면서 경제 발전에 긍정적인 영향을 미치고 있다.

:

관광 산업을 발전시키는 데 많은 자금이 필요하지 않다

제철소를 짓는 데 비하면 관광 시설을 짓는 것은 훨씬 비용이 적게 든다. 물론 유적이 있다고 해서 무조건 관광객이 모여들진 않으므로 호텔을 짓고 영어로 관광객을 맞을 수 있는 인력을 모아야 한다. 그러나 일단 관광 인프라를 갖추면 어떤 것을 계속 만들지 않아도 관광 산업을 할 수 있다.

관광 산업은 지금 당장 실행할 수 있다는 점에서 매력적인 선택지다. 50년 후 우즈베키스탄은 세계적인 관광지가 될 것이며 내 손자와 증손자들도 이 여행을 즐길 것이다. 나는 지금까지 우즈베키스탄을 여러 번 방문했고 다시 한번 여행하고 싶다.

르완다, 내전을 극복하고 경제 성장을 이루다

:

르완다 경제의 과거와 현재

내가 입수한 정보에 따르면 르완다는 자산을 늘리고

경제를 발전시키기 위해 노력하는 중이다.

1994년 르완다에는 '르완다 대학살'이라는 악몽 같은 집단 학살이 발생했다. 학살은 다수파 후투족과 소수파 투치족 간의 갈등으로 인한 내전에서 비롯되었다. 대통령 암살을 계기로 후투족 과격파는 투치족과 후투족 온건파를 학살했고, 100일간의 이 참극으로 80만에서 100만 명이나 되는 희생자가 생겼다.

이 비극적인 사건으로 르완다 국내는 결정적인 타격을 입었고 경제도 악화되었다. 그러나 지금은 민족을 기재한 신분증은 폐지되었으며, '르완다인'으로서 국가 발전에 협력하고 있다.

르완다 경제는 1999년에야 내전 이전의 수준으로 GDP가 회복되었다. 2000년에는 국가 전략으로서 ICT(Information & Communication Technology) 영역에 힘을 쏟는 2020년 계획(비전 2020)을 발표하고, ICT 기기의 도입과 ICT 교육을 적극적으로 추진했다.

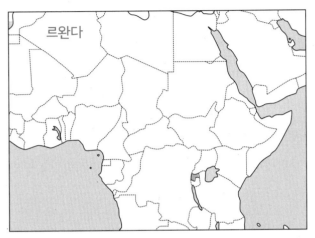

르완다

- 르완다 내전으로 인한 극적인 경제 발전.
- 농업, 투자, 관광 산업을 발전시키기 위해 1차 국가변혁전략 (NST1)를 실시.
- 부패 근절을 위해 노력함.

2010년 이후, 정부는 평균 7% 내외의 실질 경제 성장률을 유지하면서 2035년까지 고중소득국, 2050년까지 고소득국 진입을 목표로 하고 있다.

특히 농업, 투자, 관광 산업 발전을 위해 노력하고 있으며, 2017년부터 연평균 경제 성장률 9.1%를 목표로 하는 중기적 성장 전략 '제1차 국가변혁전략(NST1)'을 시행하고 있다.

세계은행(World Bank)에서 발간한 『2020년 기업환경평가(Doing Business 2020)』에 따르면 르완다는 190개국 중 38위, 아프리카 국가 중 2위에 올랐다.

폴 카가메 르완다 대통령은 부패 척결에 힘쓰고 있다. 나라를 좀먹는 부정부패를 철저히 응징함으로써 비즈니스 하기 좋은 나라를 만들고 있는 것도 긍정적 요인으로 생각할 수 있다. 현재로서는 르완다를 성장국으로 단정할 수는 없지만, 앞으로 성장국 명단에 들어갈 가능성은 있다.

하지만 개인적으로는 르완다에 관해 좋은 경험을 별로 하지 못했다. 과거 르완다에 투자하려다 정보를 얻기 어려워 르완다에 문의하는 편지를 보냈는데 '르완다에는 투자자가 필요 없다'는 답변을 받았다.

국가는 경제 개방과 투자 유치를 표방하지만, 종종 실

제 상황과는 다른 경우가 있다. 요컨대 그들은 자신에게 유리한 것만 홍보할 뿐, 실제로는 나라를 개방할 생각이 없는 것이다.

나도 아직 르완다를 방문한 적은 없으므로 직접 가서 르완다의 실정을 확인할 필요가 있다. 가까운 시일 내에 그렇게 할 생각이다.

:

천연자원과 노동력이 풍부한 아프리카

아프리카에는 르완다처럼 경제에 집중하는 나라도 있지만, 아직 일본이나 한국처럼 극적인 성공을 거둔 나라는 탄생하지 않았다. 아시아에는 성공하는 국가가 나왔는데, 왜 아프리카 국가에 일본이나 한국과 비슷한 성공 사례가 나오지 않을까? 현재로서는 설득력 있는 답을 찾을 수 없다.

아프리카에는 천연자원도 있고, 젊은 노동력도 풍부하다. 그리고 고학력에 열심히 일하는 사람들도 많다. 내가 여태껏 본 직원 중에는 근면한 아프리카 출신들도 많았다. 즉 성공을 위한 기본 조건은 갖추어져 있다.

아프리카가 발전하고 있는 것은 사실이지만, 성공한 것은 일부 개인이며, 국가 차원에서는 큰 성공을 거두지 못했다.

나는 2018년에 짐바브웨 투자 신탁을 매입했으며 앞으로도 아프리카의 발전을 기대한다.

베트남, 테크 허브로 부상하다

:

저가격과 고품질의 양립

베트남은 1946년부터 1954년까지 7년간 프랑스와 독립 전쟁을 벌였다(제1차 인도차이나 전쟁). 이때는 미국의 도움으로 프랑스군의 거점인 디엔비엔푸가 함락해, 제네바 휴전 협정이 체결되었다. 또한 1960년대 초부터 1970년대 중반까지 미국과 오랜 기간 전쟁(베트남 전쟁)을 했다.

전쟁과 내전 이후 많은 나라가 번영을 이루었다는 점을 생각하면 베트남은 이때도 경제 발전의 기회가 충분히 있었다.

그러나 베트남은 1986년, 시장 경제 도입과 대외 개방이 핵심인 개혁 노선(도이머이)을 채택하면서부터 본격적인 경제 발전을 시작했다.

베트남은 인구가 많고(2022년 기준 9,946만 명) 많은 젊

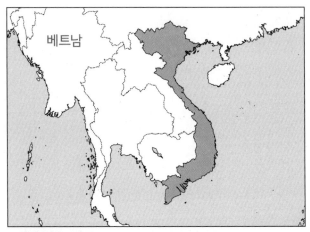

- 많은 인구.
- 풍부한 천연자원.
- 높은 교육 수준.
- 성실한 국민성.
- 첨단기술 제조 거점(테크 허브)으로서 입지 강화.

은이가 충분한 교육을 받았다. 천연자원도 있고, 인근에

강대국과 경제적으로 성공한 나라도 있다.

몇 년 전부터 하이테크 제조 거점(테크 허브)으로서 입

지가 강화되어 전 세계 빅테크 기업이 베트남에서 사업

을 확장하고 있다.

예를 들어 한국의 대기업인 삼성은 베트남에 동남아시아 최대 규모의 연구 센터를 설립했고, 삼성 스마트폰의 절반은 베트남에서 제조된다. 삼성은 베트남에 대한 투자를 더욱더 확대할 계획이다.

또 폭스콘과 럭스셰어 같은 애플 공급업체도 맥북과 에어팟 공장을 설립했고, 인텔도 베트남에서 반도체 부품을 제조하고 있다.

실제로 베트남은 세계에서도 손꼽히는 자연재해가 잦은 나라다. 특히 연안 지역은 태풍, 해일, 홍수, 해안 침식, 가뭄, 염해의 위험에 노출되어 있으며, 2020년에는 대규모 홍수가 발생하기도 했다. 앞으로도 도시화와 기후 온난화의 영향을 받아 자연재해가 발생할 위험은 더 증가할 것으로 예상된다.

하지만 '재해를 산다(Buy disaster)'는 말이 있듯이, 빈번한 자연재해는 오히려 베트남에 대한 투자 기회로 이어질 수 있다. 재해가 발생하는 곳은 물가가 낮거나 하는 등의 호재가 많다.

지금의 베트남은 세계 제2차대전이 끝났을 때의 일본과 매우 비슷하다. 당시 미국에서 일본에 투자하고 싶다고 하면 조악한 싸구려만 만드는 나라에 왜 투자하냐며 비웃음을 당했다. 하지만 당시 미국인들은 일본이 값싸고 고품질인 제품을 만든다는 사실을 알지 못했다.

베트남인은 일본인과 마찬가지로 성실하고 근면한 국민성과 뛰어난 손재주로 잘 알려져 있다. 앞서 언급했듯이 하이테크 산업의 제조 이전이 진행되는 것도 베트남인의 손재주와 우수한 품질 때문이다. 또 베트남인은 학습에 대한 열정이 강해서 외국어를 배우는 사람도 많다. 그런 면에서 베트남은 매력적인 투자처다.

콜롬비아, 내전에서 부흥으로

:

내전을 종식할 수 있는 큰 기회

콜롬비아는 1964년 공산주의 게릴라 봉기 이후 50여 년간 대규모 내전을 겪은 나라다.

냉전 기간에 공산주의 게릴라들은 소련의 지원을 받아서 미국의 지원을 받는 콜롬비아군과 격렬한 교전을 반복했다. 냉전이 종료한 후, 극좌 무장조직인 콜롬비아 혁명군(FARC)이 콜롬비아 공산당과 결별하면서 콜롬비아 정부는 공산주의 게릴라와의 전투를 서서히 중단하게 되었다.

2010년 취임한 산토스 대통령은 2012년 FARC와 평화 협상을 시작했고, 2016년에는 평화 협정을 체결했다. 이 평화 협정은 국민투표에서 일단 부결되었지만, 정부는 FARC와 수정한 협정에 서명하는 데 성공했다. 평화가 이

콜롬비아

- 내전 후의 재건에 집중함.
- 1980년대 중남미 부채 위기 속에서 유일하게 부채 재조정 없이 지속적으로 플러스 성장을 기록.
- 세계 최대 에메랄드 생산량. 석탄은 남미 2위의 석탄 매장량.
- 매력적인 관광지.

루어진 후에도 협정 내용이 꾸준히 이행되었고, 2017년에는 FARC의 무장 해제 절차가 종료되었다.

여기서도 여러 차례 언급했듯이 전쟁이나 내전의 종식은 종종 그 나라에 큰 기회를 준다. 새로운 자본, 새로운 두뇌, 새로운 아이디어가 필요한데 그것들을 끌어모으기가 쉽기 때문이다.

지금 콜롬비아는 내전으로부터 재건 중이며, 600만 명 이상으로 추정되는 국내 피난민의 삶을 재건하기 위해 빼앗긴 토지를 반환하는 조치를 취하고 있다. 또 수많은 지뢰를 제거해야 하는 일도 시급히 해결해야 할 과제 중 하나다.

경제를 살펴보면, 콜롬비아는 1980년대 중남미 부채 위기 속에서 부채 재조정 없이 지속해서 플러스 성장을 기록한 유일한 국가다.

콜롬비아 경제 성장의 배경에는 석유, 석탄, 니켈, 금, 에메랄드 등 풍부한 천연자원이 생산된다. 그중에서도 에메랄드 생산량은 세계에서 가장 많고, 석탄은 남미에서 두 번째로 많은 매장량을 자랑한다. 석탄은 고품질이면서도 생산 비용이 적고 파나마 운하를 확장해 아시아 수출에도 힘쓰고 있다.

콜롬비아는 관광지로도 매력적이다. 카르타헤나 구시

가지와 과타페의 화사한 거리가 보는 사람을 즐겁게 한다. 원래 암염 광산이었던 시파키라의 소금성당은 환상적인 푸른 조명이 인상적이고 역사적 가치도 높다.

남미의 이웃 나라인 베네수엘라도 경제 발전을 위해 올바른 방향으로 나아가고 있다. 하지만 현시점에서는 콜롬비아가 더 올바른 경제 정책을 하는 것으로 보인다.

3장

세계적 투자자들이 예측하는
향후 10년 이내에 '저무는 나라'

저무는 나라와 성장하는 나라는 이것으로 결정된다

:

그 나라의 대차대조표에 주목한다

앞으로 10년 이내에 저무는 나라와 성장하는 나라를 예측하는 한 가지 지표는 부채다. 그 나라가 얼마나 많은

세계적 투자자들이 예측하는 향후 10년 이내에 '저무는 나라'

세계 평균 주요 국가의 GDP 대비 정부 부채 비율

🇯🇵	일본	258.2%
🇺🇸	미국	122.2%
🇨🇳	중국	82.4%
🇮🇳	인도	83.2%
	세계 평균	93.3%

출처 : IMF 보고(2023)

자산과 부채가 있는지가 중요하다. 기업의 대차대조표를 보듯 국가를 살펴볼 때도 대차대조표에 주목해야 한다.

자산이 많고 부채가 적은 국가는 대차대조표가 건전하기 때문에 '성장하는 국가'의 조건을 충족한다. 특히 부채가 증가하지 않는다면, 그 나라는 성장할 가능성이 크다. 역사적으로 부채가 많은 국가는 몰락의 길을 걸었다.

국가 부채는 다양한 지표로 살펴볼 필요가 있다. 예

를 들어, 무역수지는 매우 중요한 지표다. 무역수지가 적자를 기록하면 부채가 증가하거나 앞으로 증가할 확률이 높아진다. 이는 국가 경제에 심각한 피해를 초래한다. 무역수지는 국가 경제를 좋든 나쁘든 크게 변화시키는 요인이다.

간단한 이야기지만, 금융기관에 많은 자산을 보유한 사람은 빚이 많은 사람보다 자유롭다. 이것은 의심의 여지가 없는 사실이다. 반면 빚을 진 사람은 그 빚을 결국 갚아야 하기 때문에 훨씬 큰 노력을 해야 한다.

빚이 소액이라면 제약이 별로 없을 수도 있다. 하지만 부채가 많으면 옴짝달싹하지 못한다.

국가 차원에서도 기본적인 생각의 틀은 동일하다. 국가 경제를 살펴볼 때는 무역수지와 기타 지표를 통해 부채 규모를 파악하는 것이 중요하다.

부채가 적으면 문제도 적지만 높은 수준에 도달했다면 이를 잘 처리해야 한다. 국가는 부채 처리를 미루고 낙관

적으로 볼 수도 있지만 결국 문제를 피할 수 없는 상황
에 직면하고 만다.

여러 번 이야기했듯이 역사를 통해 알 수 있다.

:

부채는 국가 성장에 걸림돌이다

미국의 부채는 20년 전보다 4배 이상으로 늘어났고,
여전히 증가하고 있다. 그러나 정부 관계자는 심각한 상
황을 잘 이해하지 못하고 있으며 우려하지도 않는다.

그들은 오만한 사고에 빠져서 '미국이 결코 침몰하지
않을 것', 또는 '무슨 일이 일어나도 결국 미국은 성공할
것'이라고 믿어 의심치 않는다.

하지만 역사가 보여주는 사실은 매우 분명하다. 부채
를 축적한 국가는 결국 침몰하며 고통받는다. 지금까지

도 그랬고 앞으로도 그럴 것이다.

다른 지표로는 그 나라의 대외 순자산과 대외 부채도 봐둬야 한다. 대외 부채가 계속 증가하면 결국 경제 파탄으로 이어질 것이다.

일례로 제2차 세계대전 이후 영국은 경제 호황기를 맞아 복지국가로 전환하기로 했다. '요람에서 무덤까지'는 당시 정책을 표현한 유명한 구절이다. 그러나 영국은 원자재 대부분을 수입에 의존했고, 공산품 수입도 증가했다. 무역수지 적자는 국제 경쟁력 하락으로 이어졌다.

1980년대가 되자 공산품 수입이 수출을 앞질렀고 경상수지는 계속해서 적자를 기록했다. 과거 기축통화였던 파운드화의 가치는 하락할 수밖에 없었다. 부채가 쌓이면서 영국 경제는 실질적으로 파탄 상태에 빠졌다.

지금 세계를 보면 대부분 국가가 부분적으로는 성공한 것처럼 보여도 적지 않은 부채를 안고 있다. IMF의 최근 보고서에 따르면 2년 연속 세계 전체 부채가 감소했지만, 여전히 팬데믹 이전의 높은 수준을 유지하고 있다.

각국의 부채에 대해서는 앞으로도 면밀히 주시해야 할
필요가 있다.

:

성장하는 나라의 조건

부채가 있는 나라가 증세로 문제를 해결하려는 것은
잘못된 일이다.

일본에서는 재정 붕괴를 우려해 증세가 불가피하다고
생각하는 사람이 꽤 있는데, 이는 절대 현명한 선택이 아
니다. 세수를 늘리기 쉽다는 이유로 정부는 증세를 선호
하지만, 결국 빚이 늘어나고 증세하는 일이 반복될 뿐 악
순환에서 벗어나지 못한다.

미국 뉴욕주는 인구가 증가하지 않지만 텍사스와 플로

리다주는 인구가 증가하고 있다. 이것은 뉴욕주의 세금이 높기 때문이다. 특히 뉴욕시는 주와 별도로 소득세를 징수하므로 뉴욕주와 시의 누진과세 최고세율을 합하면 40%가 넘는다. 그래서 뉴욕으로 이사하는 사람은 적고, 텍사스나 플로리다로 이사하는 사람이 많다.

뉴저지주에 트렌턴이라는 큰 도시가 있다. 필라델피아와 뉴욕 사이에 위치한 공업 도시로 과거에는 철강, 철선, 고무의 생산 기지였다. 그러나 반복적인 세금 인상으로 공업 도시의 지위가 떨어졌고, 현재 인구는 9만여 명에 불과하다. 이제 아무도 트렌턴이라는 지명을 들어본 적이 없을 정도로 쇠퇴했다.

영국은 1920년대에 세계에서 가장 부유한 나라였지만, 증세를 계속한 결과 50년 후 경제가 파탄 났다. 포르투갈과 스페인도 증세로 인해 쇠퇴했다. 이처럼 역사상 세금 인상을 통해 발전한 나라는 없다는 사실을 잘 알아둬야 한다.

국가가 경제적으로 성장하려면 중요한 두 가지 조건이 있다.

첫 번째 조건은 세계가 필요로 하는 것을 얻고 공급하는 것이다. 알기 쉬운 예로 천연자원 개발을 들 수 있다.

앞서 언급했듯이 영국 경제는 1970년대에 붕괴 위기에 처했지만, 마거릿 대처가 새로운 지도자로 부상한 이후 영국 경제는 과감한 정책 전환을 겪었다. 대처는 복지국가라는 틀에서 탈피하기 위해 재정 적자를 줄이기 시작했다. 일이 진행되면서 영국 경제는 더욱 활발해졌다.

그러나 나는 대처의 정치적 수완이 성공을 이끌었다는 견해에는 회의적이다. 이러한 호황의 배경에는 북해유전이 있었다는 사실을 잊지 말아야 한다. 북해유전은 북해 해저에 존재하는 유전과 천연가스전을 말하며 1970년대에 생산을 시작했다.

1980년대에 증산이 이루어지면서 영국은 석유의 자급자족과 수출을 할 수 있게 되었다. 북해유전 같은 천연

자원 개발이 이뤄지면 다소 문제가 있더라도 국가 경제
는 한동안 발전한다.

참고로 '세계가 필요로 하는 것'은 천연자원만이 아니
라는 점이다.

일본의 제조업은 고도 경제 성장기에 세계 최고의 제
조 기술을 갖고 있었다. 이러한 배경에서 일본은 경제적
성공을 거둘 수 있었다.

일본이 저무는 나라가 된 이유는 부채를 계속 쌓아뒀
기 때문이다. 아무리 뛰어난 제조 기술을 갖고 있어도 부
채가 계속 늘어나는 한 경제적 성공을 유지하기는 불가
능하다.

그리고 또 하나의 조건은 인구다. 국가가 성장하려면
노동인구가 중요한 역할을 한다. 물론 노동인구가 많기만
하다고 무조건 좋은 것이 아니다. 양질의 교육을 받은 젊
은 세대 인구의 규모가 관건이다.

국가에 일꾼이 많더라도 고령자가 많으면 사회보장 비

용이 증가해 경제에 제동이 걸릴 것이다. 일본의 생산가능인구(15~64세)는 1995년 정점을 찍고 지속적으로 감소하고 있으며 2050년에는 5,275만 명이 될 것으로 전망된다. 정점이었던 8,716만 명과 비교하면 40% 가까운 감소율이다.

생산가능인구가 감소하면 노동력이 부족해지고 경제 규모가 축소되어 국가에 부정적인 영향을 크게 미칠 것이다.

나는 한 국가의 미래를 생각할 때, ① 인구가 증가하는지, ② 생산가능인구가 충분한지를 항상 확인한다.

:

노동인구는 국가 성장의 핵심이다

이민자 수용도 노동인구를 늘리는 중요한 수단이다.

일본은 이민자 수용에 소극적이지만, 이민자에 대한 경계는 일본에만 국한된 이야기가 아니다.

미국에서도 외국인 범죄자보다 미국인 범죄자 수가 더 많음에도 '이민자는 범죄를 저지른다'는 이상한 선입견이 계속해서 존재한다.

물론 미국에 입국하는 이민자 중에도 분명 범죄자가 있기는 하다. 하지만 사람들은 외국인이 범죄를 저지른 뉴스를 볼 때만 민감하게 반응하고, '역시 외국인이 범인'이라며 떠들어댄다.

미국인이 범죄를 저질렀을 때는 아무도 '미국인이 범인'이라고 강조하지 않는다. 결과적으로 '외국인은 범죄자가 많다'라는 인식이 퍼진다.

이성적으로 생각해보자. 고국을 떠나 해외에서 살길을 찾으려는 이민자들은 낯선 나라에서 성공하기 위해 이주할 용기와 능력이 있다. 범죄를 저지르기 위해 굳이 해외로 나가려는 사람이 얼마나 있겠는가.

모국에서는 말도 통하고 친구나 지인들과 함께 어느 정도 편안하게 살 수 있다. 그런 모국을 떠나 용기 있게 낯선 나라로 옮겨 살면서 한판 승부를 하려는 것이다. 그렇게 할 용기가 있는 사람들을 무조건 배제해야 할까? 이런 이유로 이민에 대해 문을 걸어 잠그는 정책에는 반대한다.

물론 이민자의 급격한 유입은 반발을 불러일으키므로 신중하게 진행해야 한다. 내가 거주하는 싱가포르는 단기간에 많은 이민자를 받아들여서 인구의 민족적 분포도가 불균형해졌다. 그런 상황에서 싱가포르는 2010년대부터 이민자 수용에 대한 자세를 전환하고 점진적으로 수용 규모를 줄였다. 그때까지 연간 8만 명의 속도로 증가했던 외국인(영주권 보유자와 비보유자 합계)이 2010년대에 3만 6,000명까지 급감했다.

그러나 싱가포르는 노동인구가 감소하면서 사회보장 비용 부담이 증가함에 따라 머지않아 일본처럼 고령화 문제에 직면할 것이다. 이민자를 받아들이는 데 소극적인 태도를 고집한다면, 글로벌 인재들이 싱가포르를 외면할 것이고 인재 확보에 어려움을 겪을 수밖에 없다.

독일도 중동과 아프리카 대륙 출신의 이민자를 적극적으로 받아들여 2015년에 유입된 이민자 수가 100만 명에 달했다. 이는 독일 인구의 약 1.2%에 해당하는 수치로 유럽 다른 국가의 수준과 비교하면 매우 높은 편이다.

독일에서는 이민자 배척 정책을 호소하는 극우 정당이 어느 정도 지지를 받고 있지만, 이는 갑작스러운 이민자 수용에 대한 반발일 뿐이다.

싱가포르와 독일의 예를 통해 우리가 배워야 할 것은 이민자 수용에는 일정한 통제가 필요하다는 점이다. 이민을 급격하게 받아들이면 큰 문제를 피할 수 없고, 특히 일본처럼 외국인에 대해 편협한 국가에서는 더욱 그렇다.

앞으로는 이민자를 적절하게 통제하면서 받아들이는 데 성공한 나라가 발전할 것이다.

:

법적 규제에서 파악하는 경제 발전

성장하는 국가가 되기 위해 필요한 세 번째 조건은 법적 규제다.

국가가 창업을 독려하면 기업가들이 국제적으로 자금을 조달할 수 있지만, 법이 규제하면 그렇게 하기 어려워진다. 마찬가지로 국내로 자금을 들여오거나 반출하는데 얼마나 제한이 있는지도 잘 살펴봐야 한다.

어쨌든 국가가 불필요한 규제를 완화하고 기업 활성화에 필요한 것을 장려하면 투자처로서 국내외의 주목을 받게 되고, 많은 기업가가 그 나라에서 기업 활동을 할 의욕이 생긴다.

정부가 그럴듯한 정보를 홍보해도 기업가가 '자금 조달이 어렵다'고 느낀다면, 그것은 대외용 홍보에 불과하다. 기업가는 국외에서 활로를 찾으려다 결국 그 나라를 떠날 것이다.

　물론 앞에서 언급했듯이 국가가 기업가의 활동을 장려하는 환경이 조성되어 있다면 비즈니스는 더 잘될 수 있다. 유능한 기업가라면 어려운 환경 속에서도 잘 헤쳐가겠지만 기업환경이 좋을 때 더 많은 성공을 거둘 수 있다는 것은 말할 필요도 없다.

미국, 패권국의 자리를 넘겨줄 날이 머지않은 나라

:

사상 최대의 부채 보유국

　미국은 여전히 세계 패권국의 지위를 유지하고 있지만, 그 자리가 흔들리는 것 같다.

　현재 미국은 역사상 최대의 부채 보유국이다. 미국 연

방 정부가 발행할 수 있는 국채 등의 총액은 법으로 정해져 있으며 이를 미국 부채한도라고 한다. 부채한도를 초과해 국채를 발행하려면 의회의 승인이 필요하다.

2023년에는 부채한도에 대한 협상이 난항을 겪으면서 채무불이행(디폴트) 위기로 이어질 수도 있었다. 결과적으

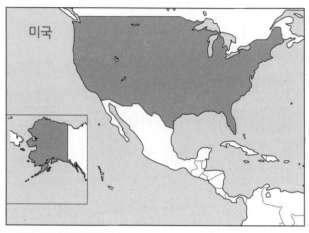

- 역사상 최대 채무국.
- 국력은 현재가 정점(쇠퇴하기 시작).
- 향후 미 달러 이탈이 가속화될 가능성 있음.
- 미·중 무역전쟁으로 시장 폐쇄.

로는, 2025년 1월까지 부채한도 적용을 유예하는 법안이 통과되었다. 채무불이행 위기는 피했지만, 연방 정부의 공공 부채 잔액은 10월 당시 33조 2,000억 달러를 돌파했고 부채는 매주 확실하게 증가하고 있다.

쇠퇴하기 시작한 국가는 쇠퇴하고 있다는 사실을 잘 인식하지 못한다. 미국도 마찬가지다. 실제로 미국의 국력은 정점을 찍었고 이 시점에서 쇠퇴하기 시작했다. 여기서 중요한 전제는 어떤 나라도 영원히 정상을 유지하는 것은 불가능하다는 사실이다.

1815년, 영국은 워털루 전투에서 승리해 패권국이 되었다. 증기기관의 발명 등 기술 혁신에 따른 산업혁명이 일어나 해외 식민지화를 추진했고, 19세기 중반에는 압도적인 경제력과 군사력으로 세계에 군림한다.

고대 로마 역사상 가장 평화롭고도 발전한 시대를 일컫는 팍스 로마나(Pax Romana, 로마의 평화)에 빗대어 팍스 브리태니커(영국의 평화)라는 용어가 생겼을 정도였다.

그러나 19세기 말부터 영국 경제는 내리막을 걷기 시작했고, 제1차 세계대전이 발발하면서 팍스 브리태니커는 막을 내렸다.

한때 세계 정상이었던 영국이 미국으로 대체되었듯이, 미국도 정상 자리를 내주는 것은 시간 문제다.

나는 지금 미국 기업에 투자하지 않는다. AI 붐을 타고 엔비디아에 투자할 만큼 IT 기술을 잘 알지도 못하며, 숏(공매도) 외에는 테크 관련 주에 투자하는 경우가 거의 없다.

:

가속화하는 미 달러 이탈 현상

현재 세계의 기축통화는 미 달러이지만 언젠가는 다른 통화로 대체될 것이다.

나는 우크라이나 전쟁과 러시아에 대한 경제 제재가 장기적으로는 미 달러에 부정적인 영향을 미칠 것으로 예상한다.

기축통화국인 미국은 우크라이나 침공으로 러시아를 국제결제 시스템에서 제외해 미국 달러를 사용할 수 없게 만들었다. 그러나 기축통화이기 때문에 항상 중립적인 입장을 유지했어야 한다.

미국은 러시아에 대한 추가 제재로 러시아 중앙은행의 미국 자산을 사실상 동결했으며, 러시아 기업 등 150개 이상의 개인과 단체를 제재 대상에 추가해 미국 내 자산을 동결하고 미국 기업과의 거래를 금지했다. 이런 조치는 러시아의 달러 이탈을 가속화하고, 다른 나라가 러시아를 따라 하게 만들 수도 있다.

실제로 우크라이나 침공 이후 서방 국가 이외의 나라 중에서 미국을 따라 러시아에 제재를 가한 나라는 그리 많지 않다. 많은 나라가 중립적 입장을 취하고 있어 미국이 최강인 시대가 끝났음을 시사한다. 아시아에서는 일본과 한국, 싱가포르가 미국을 지지하지만 인도와 중국은 친러시아적 입장을 견지하고 있다.

당장은 미국 달러 이탈 현상이 일어나지 않을지 모르지만, 달러의 미래를 우려하는 나라가 늘어날 것이다. 지금은 많은 나라가 달러로 채권을 발행하지만, 과거 기축통화가 파운드에서 달러로 이행했던 것처럼 달러에서 다음 통화로 서서히 이행할 것이 분명하다.

전 세계에 경제위기가 닥치면 투자자들은 안전 통화로 인식하는 달러를 사 모으려 한다. 하지만 앞서 말했듯이 미국은 사상 최대 부채 보유국이므로 달러는 더 이상 안전한 통화가 아니다.

앞으로 투자자들은 달러 매도 시기를 결정할 때 더욱 신중해야 할 것이다.

:

미·중 무역전쟁이 미칠 영향

트럼프는 '대중 무역적자 해소', '무역 불균형 해소'를 공약으로 내걸고 대통령에 당선되어 취임했고 실제로 중국 제품에 관세를 인상했다. 중국도 보복 조치로 미국산 수입품에 관세를 부과해 무역전쟁으로 발전한 것은 잘 알려져 있다.

중국 제품에 세금을 부과한 것 외에도 중국의 주요 통신장비 기업인 화웨이에 엄격한 제재를 가했다. 여기에는 단순히 무역적자를 해소하려는 것과는 다른 미국의 의도가 있다. 요컨대 첨단기술 분야에서 패권을 노리는 중국 기업들에 대한 위기감이 깔려 있는 것이다.

화웨이에 대한 제재 방침은 바이든 대통령이 취임한 뒤에도 이어졌다. 2022년 11월, 미국에서 화웨이 통신장비 판매를 사실상 금지하고 부품 수출 허가 정책도 중단했다.

미국은 화웨이를 공격해 애플과 다른 미국 기업을 지키려고 한다. 테크놀로지에 정통한 내 지인은 화웨이가 매우 뛰어난 기술력을 가진 기업이라고 했다. 그럼에도 화웨이는 미·중 무역전쟁으로 완전히 악당 취급을 받고 있다.

하지만 시장을 폐쇄하는 행위는 정말 그 나라를 발전시킬까?

미·중 무역전쟁은 미국에 부정적인 영향을 줄 뿐이다.

역사상 세계는 자유무역과 보호무역주의를 반복해왔는데, 보호무역주의가 좋은 결과를 가져온 적은 한 번도 없었다. 사실 제2차 세계대전은 보호무역주의의 결과였다. 그럼에도 역사를 모르는 현대 위정자들은 보호무역주의에서 해결책을 찾고 무역전쟁을 정당화한다.

대중이 이해하기 쉽게끔 외국인에게 비판의 화살을 돌리는 방법이지만, 비판이 고조되면 실제로 전쟁이 터질 수도 있다.

나는 자유무역과 시장 개방에 찬성한다. 하지만 미국은 상황이 악화될수록 보호무역주의를 고수할 것이다. 그리고 부정적인 부메랑 효과로 인해 미국 경제는 내리막길을 걸을 것이다.

영국, 과거의 패권국들을 기다리는 현실

:

영국병으로 쇠퇴한 영국 경제

제2차 세계대전 이후인 1960~1970년대 영국의 장기적인 경제 침체를 '영국병'이라고 한다.

이 시기의 영국은 공업 생산력과 수출력 저하, 국민의 근로 의욕 저하, 만성적인 인플레이션, 국제 수지 악화, 파운드화 하락 등 다양한 문제가 터져 '유럽의 병자'라고 불릴 정도였다.

세계 경제가 비교적 호조였던 이 시기에 왜 영국은 침체에 빠졌을까? 그 배경에는 고착화된 계급제도와 보수적인 교육, 노동력 부족, 잦은 노동조합 파업, 시설 노후화 등 다양한 요인이 존재했다.

그중에서도 지적되는 것이, '요람에서 무덤까지'라는 슬

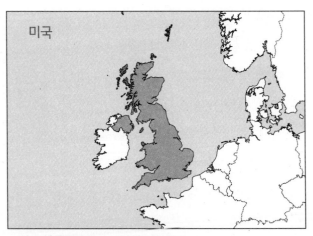

· 2020년 EU 탈퇴는 해체의 서막인가.
· 수출 상품이 거의 없음.

로건 아래 노동당이 추진했던 고도의 사회보장제도와 석탄·전기·가스·철도, 운수·자동차 산업, 항공 우주 산업 같은 기간 산업의 국유화를 통한 산업보호정책이 대표적이다.

당시 영국의 사회복지정책은 모든 국민이 건강보험에 가입해 무료로 의료 서비스를 받을 수 있는 시스템을 기반으로 했다. 이 시스템을 유지하려면 막대한 정부 지출이 필요했지만, 제2차 세계대전으로 많은 돈을 지출한 영국 정부는 충분한 재정을 확보하지 못했다.

또한 산업을 국유화하자 국유 기업은 경영 개선을 위한 노력을 보여주지 않았고, 설비 투자도 감소해 영국 제품의 품질은 급격히 떨어졌다. 결과적으로 영국은 국제 경쟁력을 잃고 무역수지가 악화되었다.

경기 침체에서 벗어나지 못한 상태에서 석유 파동의 여파로 물가가 상승했고, 결국 1975년 IMF의 구제금융을 받는 신세로 전락했다.

:

EU 탈퇴가 미친 영향

영국은 1980년 이후 원유를 수출해 외화벌이를 했고, 그 덕분에 영국병을 극복할 수 있었다. 1992년부터 2008년까지 GDP는 계속 플러스 성장을 했고, 1998년에는 재정 지출이 흑자로 전환되었다. 그리고 2001년 블레어 정부는 영국병을 극복했다고 선언했다.

현재 영국은 독일에 이어 유럽에서 두 번째로 큰 경제 대국이다. 하지만 나는 영국의 미래에 대해 다소 비관적이다.

영국은 2020년, EU(유럽연합)를 탈퇴했다(브렉시트). 이것은 영국에 좋은 선택이 아니었다. EU의 관료주의에 불만을 품었던 점은 이해할 수 있지만, 그래도 자유무역지대에 머물러야 했다.

브렉시트는 영국을 더욱 해체하는 계기가 될 수도 있

다. EU를 떠날 런던에서 사업하길 원하는 사람이 줄어들었기 때문이다.

런던 외에도 유럽에는 프랑크푸르트, 암스테르담, 파리 등 여러 도시가 있는데, 굳이 런던을 선택할 이유가 없으니 런던은 자연스럽게 쇠퇴하고 말 것이다. EU로부터의 자금 흐름이 멈추면 경제가 위축되는 것은 당연한 일이다.

나는 옥스퍼드에서 역사를 공부했기 때문에 영국에 대해 감회가 깊다. 케임브리지와의 대학 간 경주에 참여해 우승한 경험은 최고의 추억으로 남아 있다. 하지만 오늘날 영국에는 외국에 수출할 수 있는 것이 거의 없기 때문에 긍정적 요소를 찾기 힘들다.

：

유럽이 직면한 문제

그러면 유럽 국가들의 상황을 살펴보자. 현재 대부분 유럽 국가에서는 인구가 감소하고 있다. 특히 루마니아, 헝가리, 불가리아 등 중·동유럽 국가에서는 저출산에 의한 인구 감소뿐 아니라 해외로 인구가 유출되는 현상이 전혀 수그러들지 않는 심각한 상황이다.

이주지는 대체로 독일이나 북유럽이다. 독일도 저출산 문제로 골머리를 앓고 있지만, 해외 노동력 수용에는 적극적인 자세를 취하고 있다.

과거에는 저소득층이 해외로 떠나는 경향이 강했지만, 현재는 고등교육을 받은 의사나 IT 기술자 등 고등교육을 받은 인재 유출이 두드러졌다.

특히 루마니아에서는 약 30년 만에 총인구의 약 20%가 유출되었다고 하며, 이 때문에 경제적으로 상당한 손실을 보았다.

불가리아와 그리스도 출산율 저하와 인구 감소라는 이중 타격을 받고 있다.

인구가 줄면 인력난에 빠져 임금이 오르니 다시 사람들이 돌아올 것이라는 기대는 안이하기 짝이 없는 예상이다.

또 유럽 각국에서는 재정적 여유와 안정성도 한참 저하되었다.

이탈리아, 스페인, 프랑스 같은 나라도 대차대조표와 인구 동태에 문제가 발생하고 있으며, 상황은 점점 더 악화되고 있다. 이대로 인구가 감소하고 부채가 증가하면 국가 경쟁력을 잃고 침몰할 확률이 높다.

여러 유럽 국가가 비슷한 문제에 직면해 있으며 개선의 길을 찾지 못하고 있다.

문제가 있는 국가들의 공통점은 이전에는 몇 세대에 걸쳐 경제적으로 성공했다는 것이다. 성공이 계속되면 국가는 자기만족에 빠지고 결국 문제를 겪게 된다.

또 문제가 있는 국가는 인프라도 노후화하고 있다. 예를 들어 고속도로(아우토스트라다)는 이탈리아인의 자랑이었다. 이탈리아는 세계 최초로 모든 국민이 이용할 수 있는 장거리 고속도로를 건설하는 데 성공했다. 그러나 앞으로 노후화가 진행되면 유지 관리 비용이 늘어날 뿐 아니라, 기술자의 부족도 문제가 될 수 있다.

:

에너지 문제에 직면한 유럽

에너지 문제는 현재 유럽의 골칫거리다.

러시아의 우크라이나 침공이 일어나기 전까지 EU는 천연가스와 석탄 수입의 40%, 석유의 4분의 1을 러시아에 의존했다. 우크라이나 전쟁이 시작된 직후 유럽은 러시아를 비난하며 석유·석탄 수입을 제재 대상으로 삼았지만, 러시아산 천연가스 수입에 의존하는 상황이 계속되었다.

그 후 천연자원의 '탈러시아화'가 진행되었지만, 러시아산 액화 천연가스(LNG)의 수입이 증가하고 있으며, 러시아산 화석 연료에서 벗어날 수 있을지 의구심이 커지고 있다.

탈러시아화에는 몇 가지 방향성이 있다. 하나는 재생에너지 활용이다. 풍력과 태양광 이용은 이미 진행되고 있으며, 수소와 암모니아를 활용하는 방식도 추가로 진행되고 있다.

동시에 원자력 발전 활용에도 다시 한번 관심이 쏠리고 있다. 프랑스와 영국 등 원래 원자력을 중시해온 국가 외에도 벨기에에서도 원자력을 활용하려는 동향이 나타났다.

독일은 2011년에 일어난 후쿠시마 제1 원전 사고 이후

'탈원전'으로 방침을 전환했고, 2023년에 모든 원자력 발전소를 폐쇄했다. 그러나 국내에서 탈원전에 반대하는 의견도 적지 않았다.

에너지 정책에 실패하면 유럽의 교착 상태를 더욱 결정적으로 만들 것이다. 특히 EU의 최강국인 독일은 방위비와 에너지 비용 부담이 커질 것이다.

독일은 명목 GDP에서 일본을 제치고 세계 3위가 될 전망이지만, 실질 GDP 성장률은 마이너스여서 경기 후퇴가 예측된다. 일부 산업에서는 경쟁력을 유지할 수 있겠지만, 정부 부채도 증가하고 있으며 국력도 감소할 것으로 보인다.

EU가 직면한 현실

또한 나는 EU의 미래에 비관적인 견해를 갖고 있다.

영국은 2020년 EU를 탈퇴했으며 다른 회원국이 탈퇴에 동참할 것이라는 전망도 있다. 역사적으로 동맹국이 분리된 사례는 여러 차례 있었다. 대영제국이 쇠퇴한 것도 식민지 대부분이 독립해 영연방을 떠났기 때문이다.

EU 지역은 관세 없이 공동시장에서 자유롭게 상품을 사고팔 수 있다. 그러나 벨기에 브뤼셀에 있는 EU 본부는 관료화되어 모든 회원국 간의 합의 없이는 아무것도 할 수 없게 되었다. 이것은 규칙에 얽매이지 않고 스스로 결정하고자 하는 영국인들을 실망시키는 상황이었다.

그리고 현재 프랑스와 헝가리, 이탈리아 등에서 세계화에 반대하는 EU 회의론자들이 대두되었다. 각국의 선거에서 극우 정당들이 이민자 배척과 민족주의를 부추기는 수법으로 특정 집단의 지지를 얻고 국내를 분열시키고 있다.

출산율이 하락하는 유럽에서는 이민자 수용으로 인구 감소를 간신히 막고 있지만, 앞서 언급했듯이 이민정책이 분열의 불씨가 되는 측면도 있으므로 상황을 낙관할 수 없다.

유럽 국가의 대부분은 지방 자치제 차원에서도 큰 부채를 안고 있다. 채무 초과와 저출산 고령화 추세를 극복하는 국가는 당분간 없을 것으로 예측된다.

일본, 두 번 다시 오지 않을 2차대전 후의 영광

:

멈추지 않는 인구 감소, 저출산 고령화 추세

제2차 세계대전 후의 일본에서는 근면한 국민이 고품

질의 제품을 생산하기 위해 열심히 일했다. 1970년대부터 1980년대까지 일본은 세계 선진국을 제치고 세계에서 가장 성공한 나라였다. 거품경제가 붕괴된 1990년대에도 아직 치명적인 상황은 아니었다. 그러나 1990년 내가 일본을 방문한 이후부터 일본에는 장기적인 문제가 발생했고, 미세한 균열이 서서히 눈에 띌 정도로 커졌다.

나는 일본을 좋아하지만, 일본이 다시 강대국의 지위로 돌아갈 것이라는 기대는 비현실적이라고 생각한다. 문제를 해결하지 못하면 앞으로 일본어라는 언어가 사라질지도 모른다. 일본인은 계속 존재하겠지만 중국어를 사용할 가능성이 있다는 뜻이다.

한 가지 문제는 인구 감소다. 일본의 인구는 제2차 세계대전 이후부터 계속 증가해 1967년 1억 명을 돌파했지만, 2008년의 1억 2,808만 명을 정점으로 감소하고 있다. 이 속도로 가면 2056년에는 9,965만 명, 2070년에는 8,700만 명까지 감소할 것으로 예상된다.

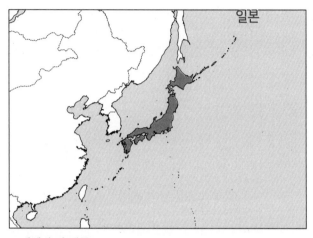

일본

- 세계의 빚 대국.
- 외국인에 대해 폐쇄적(이민을 받지 않음).
- 저출산 고령화의 심화.
- 관광 중심국으로서 큰 잠재력 보유.

일본의 출생아 수는 7년 연속으로 감소했으며, 2022년은 역대 최소인 전년도를 밑도는 77만 759명으로 80만 명 아래로 떨어졌다. 일본이 인구를 유지하는 인구치환 수준(인구유지를 위한 합계특수출산율)은 2.07명에서 2.08명이지만, 2022년의 합계특수출산율은 역대 최저인 1.26명으로,

당장 인구를 늘리기는 거의 불가능하다.

일본의 또 다른 문제는 고령화다. 일본의 고령화율(65세 이상의 비율)은 29.1%(2023년)로 역대 최고이자 세계 최고치를 기록했다. 이제 '3명 중 1명'이 고령자라는 상황이 다가오고 있다.

:

부채 대국 일본

또한 일본은 부채가 급증하고 있다.

산업과 경제가 발전하려면 투자가 필요하고 투자를 하려면 자본이 필요하다. 과거 일본은 제철소 개발이나 자동차 공장 건설에 대규모의 투자를 단행했고, 세계가 필요로 하는 제품을 만들어 수출하는 것으로 큰 성공을 거두었다.

당시에는 철강 생산능력이 국력의 원천이었고 철강업은 자동차 산업은 물론 건설업, 에너지 산업, 식품업 등 다양한 산업을 지탱하며 경제 발전의 토대 역할을 했다.

투자할 자본이 있던 시대의 일본 경제는 세계적으로도 드물게 성공을 거두었다. 그러나 국가가 자본을 소진하자 상황이 완전히 달라졌다.

일본은 1965년 처음으로 적자 국채를 발행했다. 1975년에 재발행한 후, 1994년 이후에 또 한 번 발행했다. 이윽고 고도 경제 성장기가 막을 내리고 국가 부채가 계속 증가했다.

이제 나랏빛은 1,000조 엔을 넘겼고 국민 1인당 1,000만 엔에 육박할 정도로 증가했다. 채무 잔고는 GDP의 2.5배 이상으로, 주요 선진국과 비교했을 때 가장 높은 수준이다. 경제가 발전하기 위해 투자할 수 있는 자본이 이제 사라졌다.

역사를 되돌아보면 인구가 계속 감소하고 빚이 계속

늘어나는 나라가 발전한 예는 없다. 장기적으로 인구가 감소하고 부채가 증가하는 일본은 당연히 쇠퇴할 수밖에 없다.

일본을 좋아하는 사람으로서 이렇게 말하고 싶진 않지만, 냉정하게 생각하면 일본의 미래가 밝지 않을 것은 분명하다. 이러한 비관적 견해에 대해 다음과 같은 반론을 제기할 수도 있다.

"지금은 디지털 기술이 혁신의 원천이므로 옛날처럼 큰 공장을 짓는 데 드는 비용은 더 이상 필요하지 않아요. 일본은 미국이나 중국에 비해 자본이 적은 것은 분명하지만 발전할 가능성이 없다고 단언할 수는 없지 않나요?"

물론 두뇌가 있으면 혁신을 할 수 있다. 그러나 우수한 두뇌를 도대체 어떻게 확보할 것인가. 인재를 육성하려면 교육에 대한 투자가 필수적이며, 해외에서 우수한 기술자를 유치하려 해도 많은 인건비가 필요하다. 역시 자본이 없으면 발전하기 어렵다.

어떤 사람들은 부채가 증가하고 있지만 순자산도 그에 비례해 증가하고 있으니 문제없다고 생각한다. 하지만 자산이 폭락할 위험은 어떻게 생각하면 될까? 자산가치가 떨어져도 부채가 그대로다. 거품일 때는 오히려 차입을 늘리기 위해 부채가 늘어날 가능성도 있다.

일본 국민은 자산이 많아서 국가 전체로 보면 부채가 적은 편이라는 것도 자주 듣는 이야기다. 실제로 일본 정부는 국가 부채를 갚기 위해 세금을 사용해왔고, 국민에게 나라를 지키려면 이것이 유일한 방법이라며 변명하기도 했다.

일본이 가진 부채를 생각하면, 아무리 벌어도 세금으로 채무 변제에 충당될 뿐이다. 이래서는 경제 성장을 할 수 없다.

:
외국인에 대해 폐쇄적인 국민성

일본은 막대한 부채를 보유하고 있고 인구는 감소하고 있다. 이러한 상황을 고려할 때 정부는 재정을 건전화하고 근본적인 저출산 대책을 마련해야 한다.

그러나 지금의 일본사회는 아이를 키우는 사람들에게 관대하지 않으며, 일본 여성들은 출산을 부정적으로 인식하는 경우가 많다.

일본의 정치인은 세출을 줄여 재정 건전화를 주도하고 싶어 하지 않으며, 무의미한 퍼주기 정책을 그만두려고 하지도 않는다. 이런 일이 언제까지 계속될 리 없다는 것은 가계 예산으로 대체해서 생각해보면 쉽게 이해할 수 있다. 만약 여러분의 가계가 적자가 된다면 무슨 생각을 할까? 엄청나게 수입을 늘리기 어렵다면 지출을 줄여서 적자를 해소하려 할 것이다.

하지만 일본의 기초 재정수지(PB: Primary Balance)를 흑자화하기에는 갈 길이 멀다. 재정 건전화에 성공하지 못하면 결국 국채 금리는 치솟고 일본 엔화가 급락할 수 있다. 그렇게 되면 일본인은 지금과 같은 풍요로운 삶을 이어가기는 어려울 것이다.

남은 유일한 방법은 이민자 수용이다.

미국이 건국한 지 얼마 되지 않았을 때, 유럽인들은 미국을 외딴 약소국으로 여겼다. 하지만 미국은 많은 이민자를 받아들임으로써—도중에 금지한 시기도 여러 번 있었지만—대국으로 성장했다.

기본적으로 이민자 수용은 그 나라에 이점을 제공하고 풍요롭게 한다. 세계에 강력한 영향력을 미치는 GAFA(Google·Apple·Facebook[현 Meta]·Amazon)는 모두 이민자의 뿌리를 둔 젊은이들이 설립한 기업으로 알려져 있다. 이민은 새로운 아이디어와 새로운 에너지, 가치관을 유입시킨다. 이는 결국 국가의 주요 변화와 발전으로 이어진다.

그러나 일본은 인구 감소 추세가 명확한 지금도 '이민자가 증가하면 치안이 악화된다'는 이유로 이민자의 본격적인 수용을 거부하고 있다. 앞으로 노동이나 돌봄을 이민자에게 의존할 수밖에 없는 것이 분명한데도 모른 척하고 현실을 외면하려고 한다.

외국인이 범죄를 저지르면 외국인에 대한 비판이 제기되고, 범죄가 발생하면 외국인의 범행이 아니냐는 차별적 언행이 인터넷에 올라오기도 한다.

이민자 범죄율이 일본인보다 낮지만 이민으로 인해 범죄가 늘고 사회가 불안정해졌다는 엉터리 언론이 어느 정도 지지를 얻고 있다. 일본 내 외국인 수는 증가하고 있지만, 2013년 이후 외국인 범죄 검거 건수는 거의 제자리걸음을 하고 있다.

외국인 이민자들이 아이를 낳으면 출산율 감소를 해결하는 데 도움이 될 수 있다. 일본은 1993년 외국인 기능실습제도를 도입했지만, 임금체불과 갑질 같은 문제가 끊이지 않아 국제적인 비난의 대상이 되어왔다. 2023년에는 기능실습제도를 폐지하고 이를 수락한 외국인을 근로자로 규정한 뒤, 그동안 인정받지 못했던 일자리를 특정 조건하에 허가하는 등 새로운 제도를 도입하려 한다. 나쁘지 않은 추세라고 생각한다.

일본인 대부분은 의식하지 못하지만 전 세계에는 일본에서 일하고 싶어 하는 사람들이 꽤 많다. 치안도 좋고 청결하고 음식도 훌륭하기 때문이다.

일하는 사람뿐 아니라 학생도 적극적으로 받아들여야 한다. 일본에서 공부하려는 외국인 학생도 많다. 한국과 중국에는 대학 수가 적고 경쟁이 치열해서 대학에 입학하지 못하는 사람도 있다. 나는 그런 사람들에게 '일본은 대학이 남아돌고 있으니 일본에서 공부하는 것은 어떠냐'고 제안하고 있다.

일본에서는 정원 미달로 경영난에 빠진 대학이 나오고

있다. 그런 대학들은 외국인 학생들을 더 많이 받아들여야 한다.

:

일본은 관광 대국을 목표로 하라

관광은 일본에서 유망한 산업 중 하나다. 관광은 성장이 예상되는 몇 안 되는 분야다. 역사적으로 일본은 오랫동안 세계로부터 관광 대국으로 인식되지 않았고, 일본인 자신도 이 나라를 관광 강국으로 만들겠다는 의식이 부족했다.

그 주된 이유는 외국인에 대한 폐쇄적 태도 때문이다. 관광객조차도 해외에서 오는 사람을 적극적으로 받아들이려고 하지 않았다. 그래서 교토 등은 관광지로서 어느 정도 세계에 알려진 곳이지만, 파리나 로마 같은 관광도

시로 발전하진 못했다.

현재 일본은 아직 외국인 관광객에게 개방적인 나라가 아니다. 일본인은 외국인에 대해 좋은 감정을 갖지 않은 사람이 많으며, 국가적으로 관광객을 환영하는 분위기가 조성되지 않았다.

외국어를 구사하고 해외 체류 경험이 있는 젊은 일본인이 늘어나면서 상황이 조금씩 바뀌는 것 같지만, 전체적으로 보면 아직도 개선해야 할 부분이 많다.

의식 면에서 외국인을 거부할 뿐만 아니라, 시설과 설비가 미흡하다는 문제도 남아 있다. 예를 들어 외국인 관광객이 나리타공항을 이용할 때는 그곳의 ATM기에서 해외 신용카드를 사용할 수 있지만, 정작 일본 안에서 소비하려고 하면 해외 신용카드를 사용할 수 없는 경우가 많다. 지금은 많이 개선되었지만 나도 신용카드를 쓸 수 없어서 애를 먹었던 경험이 있다.

그러나 일본에는 역사적인 건물과 온천, 다도와 무사

도로 대표되는 문화 등, 외국인의 흥미를 끄는 관광자산이 많이 있다. 깔끔한 요리와 아름다운 풍경도 빼놓을 수 없다.

특히 지금은 엔화 약세로 인해 일본을 여행하는 외국인 관광객이 늘어났다. 예전에는 비싼 숙박비와 교통비가 걸림돌이 되었지만, 지금은 그 문제가 해결되었다.

일본의 매력을 한 번 경험한 외국인은 다시 일본을 방문하고 싶을 것이다. 일본의 매력을 깨달은 외국인이 증가하면 관광 산업이 발전하고 외국인을 환영하는 일본인도 늘어날 것이다.

관광 산업의 장점 중 하나는 비용 대비 효과가 높다는 것이다. 자동차 산업을 발전시키려고 한다면, 설비 투자에 막대한 비용이 들고 고도의 기술력이 필요하다. 자동차 공장에서는 수백 또는 수천 명의 직원을 교육하고 생산성을 높이기 위해 노력해야 한다.

그에 비해 관광지의 호텔과 레스토랑은 적은 비용으로

건설하고 운영할 수 있다. 이미 일본은 관광 인프라를 갖추고 있으므로, 투자 비용을 크게 들일 필요도 없다. 관광 산업의 성장은 그 나라의 투자 기회에도 긍정적인 영향을 미칠 것이다.

관광객이 관광지에 가려면 비행기, 철도, 버스, 자동차 같은 교통수단이 필요하고, 호텔과 식당도 있어야 한다. 또한 관광객은 언어가 통하지 않는 외국을 여행할 때 누군가의 안내를 받아야 한다. 따라서 영어나 기타 언어를 구사할 수 있는 유능한 여행 가이드가 필요하다. 즉 관광 산업이 발전하면 항공사, 호텔, 레스토랑, 여행사에 대한 투자 기회가 생긴다.

지금의 일본은 관광 중심 국가로 점차 변화하는 것 같지만, 관광객을 받아들이려면 외국인을 환대하는 태도를 익혀야 한다.

일본인은 영어를 배워도 외국인과 적극적으로 영어로 대화하려 하지 않는다. 우선 이 폐쇄적인 태도를 바꿔야

한다. 관광 가이드와 관광버스 기사뿐 아니라 관광객이
찾는 식당 주인, 전자제품 판매점 직원에 이르기까지 외
국인이 오고 싶게끔 만드는 태도를 보여주어야 한다.

한국, 38선이 열릴 것인가

:

한반도의 잠재력

유엔인구기금(United Nations Population Fund, UNFPA)의
「2023 세계인구백서」에 따르면, 한국의 인구는 5,180만 명
으로 당장 초강대국이 될 만한 인구나 자산을 가진 것은
아니다.

물론 과거 영국처럼 적은 인구로 패권국이 된 경우도
있지만, 영국은 해군을 무기로 세계에 식민지를 두고 그
로부터 얻은 부를 축적했다. 요컨대 막대한 자산을 배경

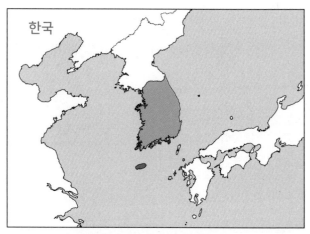

- 초강대국이 되기에는 부족한 인구와 자산.
- 제조업과 금융업 경쟁력이 높음.
- 38선이 열려 한반도의 통일이 실현되면 강대국이 될 가능성이 있음.

으로 세계를 지배했다.

이렇게 생각하면 한국이 초강대국이 된다는 이야기는 상당히 비현실적임을 알 수 있다.

하지만 38선이 열리고 남북의 국경이 열리면 강대국이 될 가능성도 있다. 국경 개방 여부가 관건이다.

한국은 제조업이 강하고 금융 부문의 국제 경쟁력도 있다. 한편 북한에는 높은 교육 수준에 저렴한 노동력이 되는 인재가 존재한다.

아프리카를 살펴보면 자산이 풍부하고 부채가 적으며 젊고 교육도 잘 받은 노동인구가 늘어나 경제 발전의 궤도에 오른 나라를 찾을 수 있다.

이런 나라를 본받으면 북한이 경제 발전을 할 가능성이 있다. 북한은 흥미로운 투자처가 될 잠재력을 갖추고 있다. 나는 북한을 2007년과 2013년 두 번 방문한 적이 있다. 평소에는 단체 여행을 하지 않지만, 자유 여행이 허용되지 않았기 때문에 어쩔 수 없이 투어에 참가했다.

어디를 가든 가이드가 따라오고 행동에 상당한 제약이 있었지만, 북한의 상황을 직접 살필 수 있었다. 2013년의 북한은 2007년과는 확연히 달랐다.

잠재력이 꽃피울지는 지도자인 김정은의 리더십에 달려 있다. 그는 스위스 베른에서 유학해 국제학교에서 교육을 받았다.

해외에서 견문을 넓히면서 북한 밖에 다른 세상이 펼쳐져 있다는 사실을 충분히 이해했다. 스위스 유학 시절에 국제 감각을 익혔을지도 모른다.

북한 사람들도 많든 적든 외부 세상에 대한 지식이 있으니, 김정은이 국민을 계속 속이기는 불가능하다. 김정은은 국민에게 거짓말을 하지 않고 국가가 성장하는 길을 선택할 것이다. 국제 감각을 지닌 그가 과거 덩샤오핑이 중국에서 했던 개혁 개방을 북한에서 재현할 야망을 갖고 있다는 견해도 있다.

원래 김정은에게는 다른 나라 지도자들보다 압도적인 권력이 있다. 좋든 나쁘든 그는 북한을 크게 바꿀 힘을 갖고 있기 때문에 경제 개방을 지향하면 북한의 미래는 밝을 것이다.

관광지로서 충분한 성장 잠재력

나는 머지않은 미래에 남북한이 통일될 것이라고 예상
한다. 남한과 북한이 통일되면 외국에서 투자를 유치할
수 있는 것은 물론 국내 투자도 활성화될 것이다. 풍부한
자금을 가진 한국 대기업들이 북한에 적극적으로 투자
하고 비즈니스 노하우를 가르친다면 한반도는 더욱 발전
할 것이다.

지금 한국에서는 결혼을 원하는 젊은 여성이 적어서
베트남이나 필리핀 여성과 결혼하는 남성도 많다고 들었
다. 그러나 북한과의 통일이 이뤄지면 그 문제도 해결될
것이다.

또한 한반도는 관광지로서도 성장 잠재력이 충분한 나
라다. 그동안 한국 관광이 세계적으로 주목받지 못한 것
은 북한과의 전쟁 위험 때문이다. 1950년에 일어난 한국

전쟁은 1953년에 휴전에 이르렀는데, 이때 북위 38도선이 군사분계선으로 지정되면서 남북이 결정적으로 분단되었다.

남북한은 지금도 휴전 중이므로 원칙적으로는 여전히 전쟁 중이며, 2차 한국전쟁의 위기가 완전히 사라진 것은 아니다. 지금도 세계에서는 남한과 북한 간의 군사 충돌을 우려하는 목소리가 있다.

그러나 남북한이 통일을 향해 행동하고 비무장지대가 개방되면 북한 사람들도 한국 관광지를 찾을 것이다. 언젠가는 그렇게 되어야 하고 그럴 가능성도 있다고 생각한다.

현시점에서는 남한과 북한보다 일본이 관광지로서 더 매력적이다. 다만 남북이 통일된 후에는 새로운 것을 좋아하고 모험을 즐기는 사람들이 관심을 기울이고 한반도를 찾아올 것이다. 그곳에는 관광 명소와 맛있는 음식도 있으므로, 머지않아 관광지로서 매력이 전 세계로 퍼져 많은 이가 여행을 즐길 것이다. 또는 전 세계 스키어들이 양국의 스키장에 모여 관광 산업이 발전할 가능성도 충분히 있다.

내가 살아 있는 동안 남북통일이 이루어질지는 모르겠다. 하지만 실현된다면 우리는 독일이 통일했을 때와 같은 열기를 직접 느낄 수 있을 것이다.

4장

국가의 부침에 좌우되지 않는
투자 전략

역사적 조류를 놓치지 않기 위한 투자 전략

:

투자의 기본은 싸게 사서 비싸게 파는 것

지금부터는 개인투자자로서 2030년을 어떻게 대비해
야 할지 생각해보자.

우선 프로그래밍 등 기본적인 IT 스킬을 갖추는 것이

매우 중요하다. 지금으로부터 100년 전만 해도 투자자에게 필요한 것은 돈을 다루는 능력과 자본을 생산하는 능력이었다. 이 능력의 중요성은 여전하지만, 요즘 시대는 테크놀로지를 통해 돈과 자본을 생산하는 시대가 되었다는 점이 크게 다르다. 지금은 챗지피티(Chat GPT) 같은 새로운 기술을 배워두는 것이 앞으로 돈과 자본을 생산하는 데 중요하지 않을까?

또한 투자에는 타이밍이 중요하다. 싸게 사서 비싸게 파는 것이 기본 원칙이다. 그런 뻔한 말을 새삼스럽게 원칙이라고 내세우냐며 혼란스러워할지도 모르지만, 실제로 사람들은 이 뻔한 일을 실천하지 못한다.

투자자들은 대부분 강세장만 바라보고 약세장은 보지 않는다. 특히 일본인은 시세가 과열되고 나서야 너도나도 시장에 진입하는 경향이 있다. 나는 그와 반대로 항상 '언제 약세장인가'인지 생각한다. 사람들이 과열되어 있을 때 나는 침착하게 바닥을 찾고 있다. 모두가 절망적일 때, 사람들이 눈을 돌리지 않는 유망하고 저평가된 투자 대상을 찾는 것이다.

나는 1973년에 조지 소로스와 헤지펀드를 공동 설립해 10년 만에 4,200%의 수익을 올렸다. 이런 결과를 낼 수 있었던 것은 사람들이 눈을 돌리지 않는 저평가 상품에 투자했기 때문이다.

또는 동일본 대지진으로 일본 주식이 패닉 매도되었을 때도 일본 주식에 투자해서 확실하게 이익을 얻을 수 있었다.

사람들이 열광할 때일수록 신중해야 한다.

생각해보면 1989년 일본 경제는 매우 고양되어 있었고, 부동산 가격은 상승했으며 황궁(皇居)의 땅값은 캘리포니아주 전체보다 높았다.

나는 그런 상황에 불길한 징후를 느꼈다. 정보를 충분히 모아서 분석해보면 상품이 비정상적으로 비싸졌는지, 싸졌는지 확인할 수 있었을 것이다.

사람들이 비관적일 때는 시장에 도전해야 한다. 1945년 당시 독일이라는 나라의 장래를 낙관하는 사람은 매우 적었다. 독일인은 물론 전 세계의 사람들이 독일의 장래를 비관했다. 당시 독일을 언급했던 기사와 편지를 보면 사람들의 비관적 견해를 읽을 수 있다.

비관적이기 때문에 반드시 투자해야 하는 것은 아니지만, 충분한 투자 기회가 있는 것은 확실하다.

여기서 무조건 싼 주식이나 상품을 찾는 것뿐만 아니라, 그것의 장래성을 생각하는 것이 중요하다. 장래성을 측정하려면 거시적 관점에서 변화를 파악해야 한다. 그것은 지도자의 언행일 수도 있고 기업가의 행동일 수도 있다. 어쨌든 저렴하면서 긍정적으로 변화하는 것을 찾을 수 있다면, 만족스러운 결과를 얻을 수 있다.

모르는 데는 투자하지 않는다

투자할 때는 일반적으로 위험을 줄이기 위해 자금을 분산하는 것이 효과적이라고 한다. 분산 투자는 개인의 자유지만 분산 투자로는 부자가 될 수 없다.

'한 바구니에 달걀을 담지 말라'는 투자계의 오래된 격언이다. 요컨대 특정 대상에 전부 투자하지 말고 여러 곳으로 나누어 위험을 분산하는 것이 좋다는 가르침이다.

하지만 정말 부자가 되는 방법은 달걀을 한 바구니에 담는 것밖에 없다. 예를 들어 일본이 거품이 끼기 전에 일본 주식에 집중적으로 투자하고, 거품이 터지기 전에 팔고, 미국 IT 주식을 사서 2000년경에 팔았다면 그 사람은 큰 부자가 되었을 것이다.

단 달걀을 넣는 바구니는 '제대로 된 바구니'여야 한다. 바구니를 잘못 선택하면 순식간에 모든 돈을 잃는다. 따라서 달걀을 한 바구니에 넣을 뿐만 아니라, 그 바구니를 잘 살펴봐야 한다.

바구니를 잘못 선택하지 않으려면 아는 데만 투자해야 한다. 투자자로서 성공을 거두는 유일한 방법은 자신이 잘 아는 데 투자하는 것이다.

누구나 잘 아는 분야와 업계, 국가가 있을 것이다. 특정 분야에 정통할 필요는 없다. 스포츠, 패션, 자동차 등 무엇이든 상관없다. 스포츠를 잘 아는 사람은 스포츠 관련 분야에 투자하면 되고, 차를 좋아하면 자동차 관련 분야에 투자하면 된다.

그것은 금융 상품에 투자할 때도 마찬가지다. 주식의 구조와 원리를 잘 모르는 사람은 주식 투자를 해서는 안 되고, 부동산에 익숙하지 않은 사람은 부동산 투자를 해서는 안 된다. 채권에 대해 잘 모르는 사람이 채권에 투자하는 것도 잘못된 일이다. 반대로 부동산을 좋아하고 항상 물건을 보러 돌아다니는 사람은 부동산 투자를 하는 것이 좋다.

원래 잘 아는 기업이나 업계, 국가를 다시 한번 깊이 조사한 뒤 투자하면 금상첨화다. 이것이야말로 성공으로 가는 가장 빠른 길이다. 잘 모르는 분야에 투자하고 싶다면 철저하게 공부해야 한다. 전문가 수준이 될 정도로 공부해야만 투자할 자격이 생긴다고 생각하자.

조사와 공부가 번거롭게 느껴진다면 아예 투자에 손을 대지 말아야 한다. 사람들은 텔레비전과 인터넷에 나오는 내용만 보고 '저 주식은 사야 한다', '3만 달러까지 오를 것'이라며 안이하게 투자하는데, 투자는 그렇게 만만하지 않다.

:

앞으로의 시대에서 고위험 투자란

전 세계에서 채권 거품이 계속되고 있다. 지금은 전 세계 채권에 투자하면 안 될 때다.

채권에 투자할 때 가장 먼저 주의해야 할 것은 발행사의 신뢰도다. 예정대로 이자가 지급되고 원금이 상환될지가 핵심이다.

다음으로 중요한 것은 금리 상승 여부다. 금리가 상승하면 새로 발행되는 채권의 이자율이 높아지므로 과거 낮은 이자율로 발행된 채권의 가치는 떨어진다. 그 결과 시가가 급락할 위험도 있다.

2008년 리먼 브러더스 사태 이후, 각국은 부채를 과도하게 늘렸고, 신종 코로나바이러스 팬데믹으로 인한 재정 부양책으로 부채가 많이 증가했다.

현재 여러 발행사가 채권을 발행하는데 경기 둔화로

금리가 상승하면 많은 채권의 가치가 떨어질 것이다.

채권 거품이 꺼지면 최악의 거품 붕괴 사태가 일어나 전 세계 사람들은 엄청난 손실을 입을 것이다. 대규모 채권 거품이 붕괴할 위험성을 생각하면, 채권보다는 주식에 투자하는 것이 낫다.

그렇다면 금이나 은은 어떨까? 세계 정세가 불안정한 시기에는 전 세계 사람들이 자산 방어를 위해 금과 은 같은 실물 자산을 구매한다.

달러나 주식, 채권 등 금융 자산과의 차이점은 금과 은 자체에 가치가 있다는 것이다. 주식은 회사가 망하면 가치가 없어질 수도 있지만 금은 그렇지 않다. 실물 자산 중에서도 유동성이 높고 매매하기 쉬워서 인기가 많다. 코로나19 팬데믹이 전 세계를 휩쓸었을 때 주식 시장은 큰 폭으로 내리꽂혔지만, 금값은 사상 최고치를 기록했다는 사실을 상기하라.

그 후, 우크라이나 전쟁과 이스라엘과 팔레스타인의

긴장된 상황으로 인해 금값은 강세를 보인다. 비교적 안전한 자산으로 금을 사려는 움직임이 세계적으로 확산했기 때문이다. 이스라엘 팔레스타인 사태가 악화하면 금값이 더 오를 가능성도 있다.

나 또한 금을 좋아한다. 소중한 두 딸에게 자산을 남긴다면 금이 가장 적절하고, 모두 보험을 위해 금을 소유해야 한다고 생각한다. 사실 2010년에서 2019년 여름까지 금을 보유하지 않았다가 가격이 하락세를 보일 때 사기 시작해 지금도 갖고 있다.

금은 재해가 발생했을 때 개인적으로 보험 대신 사용할 수도 있고, 국가에 자연재해나 경제적 난관이 일어났을 때도 보험의 역할을 한다.

금은 국제적으로 가치를 인정받고 있고, 쉽게 운반할 수 있으며 많은 재난을 극복하는 데 도움이 된다. 그런 이유로 나는 금을 보유하고 있다.

금 시세를 잘 아는 사람이라면 가격이 내려갈 때 금을

사고, 오른 타이밍에 팔아서 많은 돈을 벌 수도 있다. 하지만 나는 금을 사고팔아서 이익을 얻을 생각은 없다. 어디까지나 재해로부터 자산을 지킬 목적으로 금을 보유하고 있다.

남의 조언을 듣지 않는다

투자할 때는 불안감을 해소하기 위해 다른 사람의 의견을 듣고 싶을 때가 있다. 하지만 다른 사람의 의견을 들으면 안 된다. 물론 내 의견도 믿어서는 안 된다.

나도 다른 사람이 준 힌트나 조언을 바탕으로 투자한 경험이 있지만, 대부분 뼈아픈 실패를 겪었다. 그런 경험을 통해 '내가 잘 아는 데만 투자한다'는 정책을 갖게 되었다.

남에게 의존하고 남의 의견에 매달리고 싶은 심리 상태에서 벗어나려면, 투자에 대해 다양하게 공부하고 스스로 판단하는 능력을 갖추는 것이 중요하다.

1970년경, 원유 가격이 배럴당 3달러였던 시대에 나는 적극적으로 원유에 투자했다. 나 외에는 아무도 원유에 관심을 기울이지 않았고, 모두 '원유에 투자하는 건 미친 짓'이라고 했다.

개중에는 나에게 투자를 중단하라고 조언하기도 했지만, 나는 그런 의견을 전혀 받아들이지 않았다. 스스로 조사하고 스스로 판단했기 때문이다.

결과적으로 원유는 내가 예측한 대로 급등했다. 원유 공급이 수요를 따라가지 못한다는 사실을 알았기 때문에 반드시 가격이 오를 것이라고 확신했다. '수요가 늘면 가격은 상승한다'는 초보적 원칙에 따른 것만으로도 큰 이익을 얻을 수 있었다.

그때 주위의 조언에 따라 원유 투자를 중단하지 않아

서 정말 다행이다. 성공하고 싶다면, 내가 아닌 누구의 말도 믿지 말아야 하며, 최종적으로는 스스로 판단해야 한다. 나는 지금까지 항상 스스로 판단하고 투자해왔으며 앞으로도 그렇게 할 것이다.

:

투자로 성공하는 비결은 끊임없는 배움이다

다른 사람의 의견에 의존하지 않고 스스로 판단하려면 항상 계속해서 배워야 한다.

투자 대상으로 고려하는 기업의 경영 상태와 재무제표를 확인하는 것은 물론이고 고객, 업계, 경쟁사를 분석해 그 기업에 대해 다각도로 살펴봐야 한다. 그 정도로 조사할 수 없다면 투자를 하지 말아야 한다.

정보를 얻으려면 영어를 알아야 한다. 많은 정보가 영

어로 발신되기 때문이다.

하지만 그게 다가 아니다. 그보다 더 중요한 것은 호기심이다. 누군가 ○○이 훌륭하다고 하면 그 말을 그대로 받아들이는 것이 아니라, 호기심을 갖고 실제로 무슨 일이 일어나는지 알고자 하는 태도가 중요하다.

나는 언론 보도에 의구심이 생길 때는 최대한 많은 정보를 입수하고 전 세계를 돌아다니며 실제로 조사하려고 한다. 기본적으로 책을 읽거나 학교에서 배우기보다 자신의 눈으로 보는 편이 얻을 수 있는 것이 더 많다. 실제로 현지인과 만나서 이야기하고 그들이 어떻게 사는지 관찰하면, 그곳에서 무슨 일이 일어나는지 직접 느낄 수 있다. 나는 이런 배움을 통해 성공할 기회를 잡았다.

인터넷이 발달한 지금은 예전처럼 현지를 직접 방문할 필요성이 줄어들었다. 최근에는 인터넷에서 유용한 정보를 얻을 수 있다. 비행기를 타고 실제로 어행하는 것보다 훨씬 효율적임은 분명하다.

참고로 나는 평소에 신문과 인터넷을 주요 정보원으로 이용한다. 예전부터 《파이낸셜타임스》를 애독했으며, 매일 읽는 것이 습관이 되었다. 내 경험상 《파이낸셜타임스》는 세계 최고의 신문이라고 생각한다.

영국은 일찍이 세계에서 가장 국제적인 언론 매체를 보유했고 전 세계에 기자들을 파견해 기사를 작성하게 했다. 따라서 영국 신문을 읽으면 필연적으로 국제적 감각이 길러졌다.

《파이낸셜타임스》는 2015년에 니혼게이자이 신문사에 인수되어 일본인이 소유하게 되었다. 《니혼게이자이신문》에 국제적 관점이 결여되어 있거나 기사의 질이 떨어졌다고 생각하진 않는다. 신문사 경영 상황이 악화되었다고 생각할 뿐이다.

그 밖에는 경제잡지인 《이코노미스트》를 계속 읽고 있다. 이 역시 국제 정보를 얻을 수 있는 유용한 매체다.

또 앞서 언급한 바와 같이 인터넷을 통해 세상에서 일

어나는 일을 최대한 확인하려고 노력한다. 인터넷에는 방대한 정보가 넘쳐나는데, 그중 상당수가 쓰레기 같은 것은 사실이다. 하지만 그 가운데에서 도움이 되는 정보를 찾아낼 수도 있으니, 인터넷 정보를 덮어놓고 경시해서는 안 된다.

인터넷에 유용한 정보가 있어도 사람들은 그 가치를 모르고 지나치고 만다. 정보가 있는지 항상 살펴보는 자세가 중요하다. 예를 들어, 나는 우즈베키스탄을 오랫동안 방문하지 않았지만, 어느 날 우즈베키스탄에 관한 기사를 보고 직감적으로 느끼는 것이 있었다.

내가 그 기사에 반응한 이유는 과거에 두세 번 우즈베키스탄을 방문해 어느 정도 예비지식이 있었기 때문이다. 우즈베키스탄에 풍부한 천연자원과 관광자원이 있어 성공할 잠재력이 있음을 이미 알고 있었다. 물론 우즈베키스탄을 방문한 적이 없어도 그 기사를 보고 감이 왔을 수도 있다.

방대한 인터넷 정보 중 어떻게 유용한 정보를 찾을 수 있는지, 어떤 조건에서 볼 수 있는지 확실하게 답할 수는 없다. 하지만 정보를 계속해서 읽어가는 일이 중요하다는 점은 단언할 수 있다. 신문이든 인터넷이든 정보를 계속 접하면 1년에 한 번 정도는 유용한 기사가 눈에 들어올 수 있다.

예를 들어, 우즈베키스탄에 관한 정보가 있는 기사는 접할 수 있는 횟수가 적은 편이다. 사람들은 우즈베키스탄의 경제나 산업에 관심이 별로 없으니 당연한 일이다. 하지만 정보가 전혀 없는 것은 아니다. 그렇기 때문에 꾸준히 정보를 찾아보는 것이 유일한 방법이다.

저무는 나라, 성장하는 나라에 대한 투자법

:

기회를 파악하는 방법 ①: 매력적인 제품을 만들고 있는가

관광업 외에도 제조업은 성장하는 국가를 이끄는 원동력이 된다. 매력적인 제품을 만들면 그것을 찾아 해외에서 사람들이 모이고 투자를 유치하거나 수출을 크게 늘릴 수도 있다.

제조업 중 내가 주목하는 분야는 섬유 산업이다. 섬유 산업을 일으키는 데는 많은 자본이나 기술이 필요하지 않지만, 한편으로는 섬유 산업이 여러 나라의 발전 기반을 마련한 역사가 있다.

현재 대만 기업들은 반도체 생산 분야에서 세계 최고의 플레이어이며, 2020년 반도체 위탁 생산에서 세계 시장 점유율의 70%를 확보했다. 세계 1위의 대만 반노체 제조사인 TSMC만으로도 점유율이 50% 이상이다.

대만이 반도체 제조 분야에서 1위를 차지한 것은 과거의 섬유 산업 발전이 토대가 되었다고 생각된다. 현재 세계 섬유 시장은 2020년에 1,032억 달러를 넘어섰으며, 2021년부터 2027년까지 4.4% 성장할 것으로 보인다.

섬유 시장은 아시아 태평양 지역, 북미, 유럽, 라틴 아메리카 등 전 세계로 확장되었는데, 특히 아시아 태평양 지역은 원재료와 의류의 생산 및 수출에서 세계를 선도하고 있다. 아시아 국가는 인구와 가처분 소득이 함께 증가하고 있으므로 섬유 시장은 순조롭게 성장할 것이다.

잘 알려지지 않았지만 섬유 산업에 주력하는 곳이 북한이다. 나는 북한을 방문했을 때 국내에서 섬유 공장을 운영하는 여성과 이야기를 나눈 적이 있다. 그녀는 북한에만 15개의 공장을 운영하고 있었다.

"제조한 의류를 어디에 도매로 판매합니까?"라고 물었더니 주요 고객은 한국이라는 대답이 돌아왔다. 남북한은 휴전 중이라 국교가 없으며 유엔 안전보장이사회의 제재 결의에 따라 북한으로부터의 섬유 제품 수입은 금지되어 있다. 이에 관해 묻자 그녀는 물론 북한산 섬유 제품이 드러내놓고 유통되지는 않는다고 했다. 북한의 공장에서 제조한 제품을 중국으로 보내면 그곳에서 '메이드 인 차이나'라고 표시된 태그가 달리고, 그중 상당수가 한국으로 수출된다고 한다. 중국산 태그가 부착된 제품은 어디서 만들어졌는지 추궁당할 일이 없다. 즉 유엔의 제재를 받지 않으면서 한국을 주 고객으로 삼았다는 뜻이다.

참고로 비슷한 구조로 제재를 회피하면서 원유 수출을 계속하는 나라가 러시아다. 러시아는 아시아 및 중동 국가에 원유를 수출하고 거기서 원산지를 바꾼 뒤에 세계 각지로 수출하는 방식을 취하고 있다.

수입한 나라는 원유에 '러시아산'으로 명시되어 있지 않기 때문에 러시아에서 생산되었다고 생각하지 않는다. 이러한 이유로 유엔의 제재는 거의 성공하지 못했다.

다시 섬유 산업 이야기로 돌아가면 최근 몇 년간 섬유 산업이 크게 발전한 곳은 베트남이다. 베트남의 섬유 산업은 중국에 이어 두 번째로 발전했으며 수출도 늘어나고 있다.

재봉틀과 값싼 노동력이 있으면 단시간에 섬유 산업을 발전시킬 수 있다. 북한, 베트남, 캄보디아, 우즈베키스탄 등은 섬유 산업이 성장의 열쇠임을 알고 있다. 캄보디아는 인구가 적은 것이 걸림돌이지만 기본적인 요소는 잘 갖추었다.

머지않아 사우디아라비아 여성들이 외국으로 수출하는 셔츠를 공장에서 만드는 시대가 도래할 수도 있다.

기회를 파악하는 방법 ②: 이노베이터가 존재하는가

미국뿐만 아니라 EU와 영국도 많은 부채를 갖고 있다. 특히 이탈리아, 프랑스, 영국 등은 채무 초과 상태이며 문제가 개선되기는커녕 악화되고 있다.

영국이 EU를 탈퇴한 것이 잘한 일인지 아닌지 섣불리 판단할 수는 없다. 하지만 EU 탈퇴 후에도 부채가 계속 증가하는 것은 사실이다. 이렇게 저물어가는 국가들에서 투자 기회를 찾기는 어렵다.

예를 들어 이탈리아의 경우, 패션의 발신지인 밀라노에 가면 아마 훌륭한 종목을 발견할 수 있다. 그 종목을 사서 큰 이익을 얻을 수도 있다. 하지만 국가 자체가 쇠퇴하고 있기 때문에 훌륭한 종목을 찾기란 쉽지 않다. 그러려면 많은 시간과 품을 들여야 한다.

반면 우즈베키스탄처럼 국가 전체가 성장하고 있다면,

큰 고민 없이 유망한 종목을 찾을 수 있다.

1960년대 이후의 '영국병'으로 불리는 사회경제적 침체기를 겪었던 영국에서는 상당수의 인재가 혼란스러운 자기 나라를 외면하고 국외로 떠났다.

그러나 비틀스는 심각한 상황에서도 영국을 떠나지 않고 노래를 불렀다. 비틀스처럼 영국에 남아 세계적인 성공을 거둔 경우도 있다. 즉 저무는 나라에도 일부 기회가 있다. 하지만 위험의 크기를 염두에 둬야 한다.

결론적으로 이탈리아처럼 '침몰하는 나라'에 투자한다면, 혁신을 할 수 있는 인재를 발견하는 것이 중요하다. 남녀노소 모두를 감동하게 하는 뛰어난 아이디어를 가진 사람을 찾을 수 있다면 투자할 가치가 있다.

특히 중요한 것은 현명하고 혁신적이며 성실한 기업가를 찾는 것이다. 매력적인 기업가는 아무도 생각해내지 못하는 아이디어를 갖고 있다. 그런 기업가를 찾을 수 있다면 어느 나라에서든 성공적으로 투자할 수 있다.

:

기회를 파악하는 방법 ③: 기술 혁신이 일어났는가

2022년 11월, AI 개발을 담당하는 미국 오픈 AI가 챗지피티를 공개했고, 2023년 폭발적으로 확산되기 시작했다. 챗지피티와 구글 바드(Google Bard) 같은 생성 AI는 앞으로 비즈니스 판도를 갈아엎을 것이다.

전통적으로 미국 실리콘밸리는 글로벌 생성 AI 기술 개발을 선도하고 있으며, 중국에서도 정부 연구기관과 대학, 스타트업이 생성 AI 개발에 힘쓰고 있다. 혹은 미국·중국 외에 우리가 생각하지 못한 나라가 생성 AI 개발에서 1위를 차지할 수도 있다.

어쨌든 AI는 전 세계의 많은 이의 일자리를 빼앗고 그들을 실직자로 만들 것이다. 특히 고객을 직접 상대하지 않는 백오피스(Back office) 업무는 AI로 대체될 가능성이 크다.

그렇다고 너무 걱정할 필요는 없다. 앞에서도 언급했듯이 위기는 절호의 기회이며, 일자리를 잃은 인간은 새로운 일과 새로운 기회를 얻을 수 있다.

이는 역사가 증명한다. 잘 생각해보자. 과거 전기가 보급되었을 때 증기기관차 기관사와 전화 교환수, 등대지기 등 다양한 직업에 종사했던 사람들이 일자리를 잃었다. 하지만 전기는 그 이상의 혜택을 나라에 가져다주었다. 사람들의 생활 수준이 향상되었고, 전기 기사와 전기 통신 엔지니어 등 새로운 직업이 다수 창출되었다.

결국 국가 전체가 번영하고 혜택을 볼 수 있게 된 것이다. 즉 어떤 일자리가 사라져도 이를 대체할 새로운 기회가 창출될 것이다. 다시 한번 말하지만 크게 걱정하지 않아도 된다.

:

기회를 파악하는 방법 ④: 위기를 극복하기 위해 행동 하는가

일본인과 영어로 대화하면서 '위기'라는 말을 할 때 나는 일부러 '키키(危機)'라는 일본어를 그대로 사용하곤 한다. '위기는 기호로 통한다'고 말할 때 영어 '크라이시스(Crysis)'보다는 일본어로 표현하는 것이 그들에게 와닿기 때문이다.

위기에 직면한 국가에 투자할 때는 위험이 따른다. 그러나 '재해를 산다(Buy disaster)'라는 나의 투자 신조에 따라서 투자하면 5~6년 후에 현명한 투자였다고 평가할 수 있는 경우가 많았다.

기회 속의 위기를 예로 들자면 전쟁을 꼽을 수 있다. 내전이든 외전이든 전쟁이 종결되는 시점에 그 나라에 투자하면 큰 이익을 얻을 수 있다. 위기가 끝날 때 기회가 큰 것은 물가가 낮고 인건비가 저렴하기 때문이다.

일본은 전쟁으로 인한 위기를 기회로 바꾼 가장 대표적인 성공 사례 중 하나다. 제2차 세계대전 직후의 일본은 패전에 타격을 받아 많은 인재를 잃었고, 일본인들은 자신감을 상실했다. 그러나 그런 비관적 상황 속에서 혼다와 도요타 같은 글로벌 기업이 탄생했다.

전쟁에서 패한 국가에는 의기소침하고 비관적인 분위기가 감돌기 마련이다. 하지만 타격을 입은 나라에서 계속 살기 위해서는 열심히 일하는 수밖에 없다. 패전국이기 때문에 정부 예산이 있는 것도 아니어서 저임금을 받아들이고 열심히 일할 수밖에 없다.

누구나 살아남기 위해 열심히 일하는 데다 저렴한 임금을 감수하기 때문에, 전쟁이 끝난 나라에 투자하면 대부분 성공할 수 있다는 생각이다.

전쟁이나 내전이 막 끝난 나라를 보면 나는 투자 적기가 아닌가 생각하곤 한다. 전쟁과 내전의 끝은 '투자해야 한다'는 신호다. 또 현재 침몰할 것으로 예상되는 국가도 대재해가 닥치는 등 엄청난 타격을 입으면 오히려 투자 대상이 될 수도 있다.

'전화위복(轉禍爲福)'이라는 속담이 있듯이 재앙은 관점을 달리하면 성공의 발판이 되는 경우가 많다.

경제가 붕괴하고 파탄을 겪으면 그 나라 지도자들은 어쩔 수 없이 변화를 받아들이게 된다. 변화를 일으켜야 그 나라가 발전하고 성공을 거둘 수 있기 때문이다.

나는 동일본 대지진 직후 일본 주식을 적극적으로 매수했다. 당시 일본 주식의 주가가 급락하는 것을 보았지만 오히려 일본 주식에 투자했다. 중기적으로 보면 경기가 회복되리라고 예상했기 때문이다.

일본은 재해가 많이 발생하지만 매일 그런 것은 아니며, 높은 교육 수준에 근면하고 영리한 국민성으로도 잘 알려져 있다. 논리적으로 생각하면 지진 재해에 수반하는 주가 하락은 일시적이었으며, 원래 상태로 돌아갈 것이 분명했다.

다만 일본 주식에 대한 투자는 중단기로 생각한다. 일본의 저출산과 부채를 고려하면 장기적으로는 쇠퇴할 것이 분명하다. 안타깝게도 지금의 일본은 10년 이상 장기적으로 투자하고 싶은 나라가 아니다.

동일본 대지진 후 매수한 주식은 2018년 모두 매도해 상당한 수익을 올렸다. 이런 기법을 두고 남의 불행을 이용한다는 비판이 끊이지 않지만, 그것은 잘못된 생각이다. 위기에 처한 나라는 외부의 투자를 바라고 투자금을 활용해 재건의 길로 나아가기 때문이다. 즉 위기를 보고 충격을 받기만 해서는 투자자 자격이 없다. 위기에서 호기를 찾아야 한다.

위기는 관점을 바꾸면 다시 없는 기회이기도 하다. 이 책을 읽는 독자들이 위기를 내다보는 선견지명을 익혀 지금 막 밀어닥치는 대전환의 시대를 극복하고 살아남기를 바란다.

참고문헌

『버려지는 일본(捨てられる日本)』, SB신쇼, 2023.

『세계 대이변(世界大異変)』, 동양경제신문사, 2022.

『짐 로저스 세계적 투자가의 사고법(ジム·ロジャーズ　世界的投資家の思考法)』, 고단샤, 2020.

『짐 로저스의 대예측(ジム·ロジャーズ　大予測)』, 동양경제신보사, 2020.

『대전환의 시대』, 알파미디어, 2021.

『짐 로저스의 일본에 보내는 경고』, 이레미디어, 2019.

2030년
돈의 세계지도

초판 1쇄 발행 2024년 12월 31일

지은이 | 짐 로저스

옮긴이 | 오시연

펴낸이 | 정광성

펴낸곳 | 알파미디어

편집 | 김지환, 이현진

홍보·마케팅 | 이인택

디자인 | 황하나

출판등록 | 제2018-000063호

주소 | 05387 서울시 강동구 천호옛12길 18, 한빛빌딩 2층(성내동)

전화 | 02 487 2041

팩스 | 02 488 2040

ISBN | 79-11-91122-82-4 (03320)